インターネット・バイ・デザイン

21世紀のスマートな社会・産業インフラの創造へ

江﨑 浩［著］

東京大学出版会

Internet by Design:
The Delivery of Smart Social and Industrial Infrastructure in the 21st Century
Hiroshi ESAKI
University of Tokyo Press, 2016
ISBN 978-4-13-063456-4

はじめに

本書では、インターネットの設計思想に基づいて、社会や産業の新しいインフラ基盤を創造することを「インターネット・バイ・デザイン（Internet by Design）」と呼びます。日本語に訳すならば、「インターネットを計画的に組み込むこと」と言えます。このインターネット・バイ・デザインの基本的な考え方を紹介すると同時に、インターネットと社会・産業のインフラとの融合によって起きる出来事をさまざまな観点から考察することが、本書の狙いです。

二一世紀において、社会や産業のインフラは、「スマート」と表現されるものになりつつあります。スマートとは「快適・高機能・高効率である様子」といった意味です。そして「スマートなインフラ」が求められているいま、それを実現するためには、インターネットが持つアーキテクチャ（構造）とガバナンス（統治）に関する性質をあらかじめインフラに採り入れて、新たに設計から構築、そして運用までを行うべきだと筆者は考えています。まさにインターネット・バイ・デザインの実践です。

では、そうしたインフラとは、具体的にはどういうものでしょうか。まず電力エネルギー、道路交通、物流といった産業の基本となる施設が挙げられます。また、学校、病院、住宅都市のような生活を支える施設も含みます。これらがインターネットと統合されて、さらにインターネットの構造や枠組みを採り入れるならば、そのインフラのあり方は従来とは異なる展開を見せるでしょう。たとえば、企業や団体などの組織の境界が意識されなくなる。参加する人たちが自律的に活動し、互いに協調の関係を結ぶ。また誰もが資源を共有して、他人に悪影響を及ぼさないかぎり自由に利用できる環境が生まれる。そして持続的なイノベーションの創出を実現できるようになる……。各々のインフラの歴史を振り返るだけでは想像できないかもしれませんが、いずれもインターネットの世界で実際に生じたことなのです。

ところで、インターネット・バイ・デザインを語るうえで、「グローバル」が重要なキーワードとして登場します。世界的規模であるさまを指しますが、当然ながら地球（Globe）の形容詞にあたります。このグローバルを本当に実感するための方法は、もしかしたら宇宙からその球体の美しい全貌を眺めることかもしれません。そこでは興味深いことに気づくでしょう。地球というのは、昼と夜でまったく違う顔を見せます。昼には青、白、緑からなる自然の姿が浮かび、夜になると黒い大地に光の筋が輝きます（図0－1）。この光の筋というのは鉄道、道路、建物などインフラの照明であり、人間が作り上げた人工物を示しています。つまり、そこには「自然」と「人工物」がいわば共存している状態が現れるのです。

そして現在、この自然と人工物の他に新たな要素が加わろうとしています。それはインターネットによる「サイバー空間」です。宇宙からは見えませんが、地球上ではきわめて重要な役割を担いつつあります。ご存知のように、さまざまなモノがインターネットにつながるＩｏＴ（Internet of Things）が急速に進んでおり、至るところで人工物とサイバー空間が融合されようとしています。同時に、それは少ないエネルギーで高機能を達成するという人工物のスマート化であり、結果として自然環境を守ることに

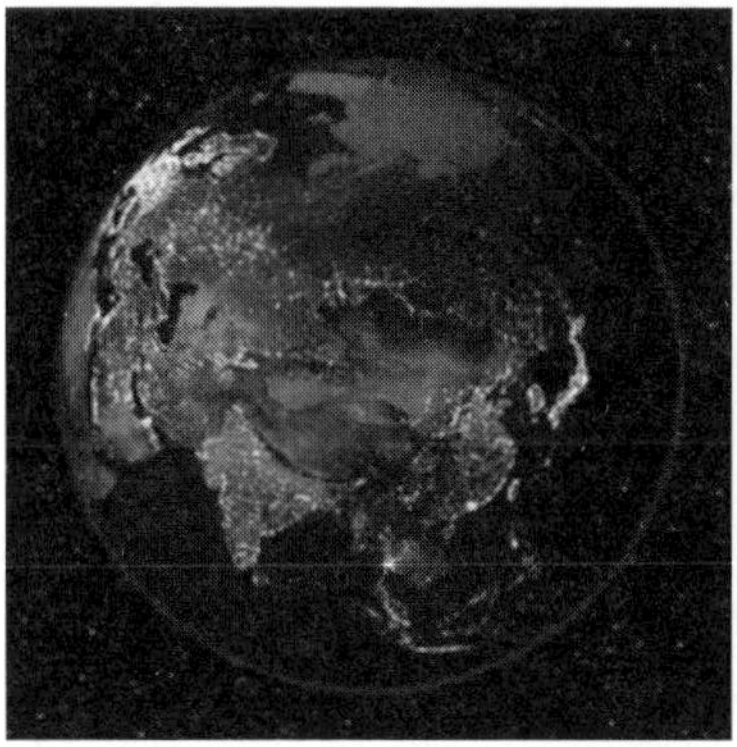

図 0-1　昼の地球（右），夜の地球（左）

つながると考えられます。そうなれば、未来の地球には自然と人工物の共存をサイバー空間が支えるという関係が生まれ、この三者による新たなエコシステムが創造されると言えます。

グローバルを別の観点から捉えれば、地球は球体という存在であるために、私たちが生活できる地上は限られた空間であることにも気づきます。他方で、サイバー空間というのは際限のない奥行きを持った空間です。したがってモノとインターネットをつなげるとは、有限の実空間に対して、無限のサイバー空間を融合することであり、それによって従来にない機能や効果を持った人工物が生まれる可能性が高まるのです。もちろん、この人工物には社会・産業のインフラも含まれます。実空間だけで拡張してきたものとは異なって、インターネットと接続して作用しながら、新しいタイプのインフラが開発されるわけです。まさに地球規模の壮大な挑戦が始まろうとしているのです。

＊

そもそもインターネットとは何でしょうか。ひとまずは、デジタル技術を用いてスイッチやルータやサーバのようなＩＴ／ＩＣＴ（Information Technology/Information and Communication Technology）機器が相互接続されて、それらが地球を覆って生まれた巨大なコンピュータネットワークのことだと言えるでしょう。ただし、そうした「物理的なインターネット」を超えて、インターネットの様式や構造と呼べるようなもの、すなわち「インターネット・アーキテクチャ」も存在します。

本書では後者を対象としており、それに基づいて社会・産業インフラを構築する手法、つまりインターネット・バイ・デザインの概念について検討していきます。ちなみに、インターネット・アーキテクチャに基づく社会・産業インフラというのは、必ずしもコンピュータと通信機器だけで構成されるわけではなく、そこに関わるインフラのシステム、たとえばスマートグリッド[1]のようなエネルギーシステムなども含みます。

インターネット・バイ・デザインを考えるうえで、重要な点をいくつか挙げましょう。

一つ目は、インターネットの進化を支えるのは、「透明性」、「大まかな合意」、「最大限の努力」、「エンド・ツー・エンド」などの独特な性質であるという点です。インターネットは地球上に一つしかない共有基盤であり、そのようなインターネットが現在もなお進化を続けられているのは、これらの性質に基づいてシステムの設計・構築・運用が実現されているからです。このうち、「透明性」とは途中の通信経路で情報の加工が行われないことで、インターネットのオープン性と中立性にも関わります。「大まかな合意」とは最初から詳細な技術の仕様を決めず、つねに稼働しながら形成していくという意味です。「最大限の努力」は目標とすべき品質が課されず、最大限の努力を提供すればよいということです。

「エンド・ツー・エンド」とは、知性が必要な高度な処理はネットワークの端（＝エンド）にあるユーザの機器が行い、ネットワークのなかにある機器は単純な機能のみを行うという構造にして、ユーザの機器の性能が向上するように改良を促すというものです。

二つ目は、インターネットにおけるデジタル技術の導入が、システムのコストダウンに貢献しただけではなく、コンテンツの「媒体からの解放」を実現して、つねに新しい技術がインターネット上に展開することを可能にしたという点です。たとえば、新聞や本あるいはCDのようなコンテンツはデジタル化したことで、従来には無かったさまざまな媒体を用いて配信できるようになりました。デジタル化された新聞ならば、さまざまな有線ケーブルや無線の技術を用いて配信され、コンテンツを音（聴覚）で聞いたり、ディスプレイ（視覚）で読んだり、あるいは点字（触覚）で読んだりできます。デジタル化によって、それを運ぶ媒体に関する制限がなくなったわけです。また、インターネットとはデジタル情報の「小包」を配送するシステムといえるので、デジタル化が可能なものは何でも流通させることができます。電子メール、音声、静止画、動画、プログラムなどあらゆるものが、一つの共通のシステムで配信されます。デジタル化によって、運ばれるものについても制限がなくなったのです。

三つ目は、インターネット・バイ・デザインを支える哲学が、「左手に研究、右手に運用」であるという点です。これは、日本におけるインターネットの研究開発を牽引した産官学連携の組織、WIDE

1　スマートグリッド…発電・送配電を行う電力網に情報通信技術を適用して管理と制御を行うシステム。電力網の高度化や効率化、あるいはコストダウンを実現する。米国の電力事業者が考案。現在では、再生可能エネルギーなどに関する新技術の導入にスマートグリッドが用いられる。

プロジェクト[2]の方針でもあります。「動くもの」を尊重し、意図的にシステムを最適化せず、動きながらつねに新しい発明にむけて挑戦する、そうすることで継続したイノベーションをめざすのです。

四つ目は、歴史上で情報革命の象徴されるインターネットにおいて、「ソーシャル性」、「グローバル性」、「対話性」という性質にこそ、その重要な役割があるという点です。まず「ソーシャル性」を備えれば、参加者が相互に資源を提供しあって大きなシステムやコミュニティを形成できます。また、「グローバル性」を持てば、地球上のすべての人が利用できます。そして社会や市場との「対話性」によって、インターネットの全体と細部の構造を進化させるためのガバナンスが、つねに維持できます。このような性質は、インターネットのセキュリティとプライバシーという面にも一定の方向性を与えます。通常は管理や制約が働けば参加者が萎縮してしまいますが、逆にエンカレッジするような展開を見せることが分かっています。こうした性質のおかげで、個人は自発的に挑戦することが可能となって、インターネットのシステムが継続的に発展するという仕組みができあがったと言えます。

以上の点を持ちながら、インターネットはインターネット・アーキテクチャを根幹にして成立してきました。同時にそれはインターネットだけでなく、すべての社会・産業インフラに適用できるものです。これまでサイバー空間に閉じていたインターネットが、急速に実空間との融合を進めていることはすでに述べた通りです。それによって、たとえばスマートビル、スマートシティに代表されるようなインフラのＩＴ／ＩＣＴ化が登場しました。それのみならず、巨大なエネルギーシステムの構造にも大きな進化がもたらされようとしています。インターネット・バイ・デザインに基づいて、あらゆる社会・産業インフラの再設計が行われようとしているのです。

*

本書の各章について、簡単に紹介をしておきましょう。

第1章では、インターネットのアーキテクチャに関して、素朴な質問に答える形で説明しています。インターネットはどのような特徴を持っているのか、なぜこのように発展し、新しいサービスが次々に登場してくるのかなどさまざまな観点から考えます。

第2章では、インターネットが前提としているデジタル技術について整理して、その未来の方向性を考えます。デジタル化の本質を捉えることで、インターネットが成功した理由を再確認し、これから起こるであろう「コンテンツのデジタルネイティブ化」[3]のあり方を探ります。

第3章では、社会・経済に関する人類の歴史のなかで、インターネットの位置づけを捉えながら、さらにインターネット・バイ・デザインの意義について考えます。現在のインターネットの形態にとらわれず、その根本的な構造を把握することで、これからの社会・産業のインフラ基盤をどのように進化させるべきなのかを検討します。

2　WIDEプロジェクト…インターネットに代表される広域分散コンピュータネットワークの教育研究開発を推進する産官学のコンソーシアム。一九八八年に創設。ファウンダーは村井純（慶應義塾大学教授）で、一〇〇以上の団体が参加している。WIDEプロジェクトが構築したWIDEインターネットが、日本におけるインターネットの始まりとされている。

3　コンテンツのデジタルネイティブ化…アナログ情報からデジタル情報にするのではなく、最初からデジタル情報を起源にしたコンテンツが一般的になること。

第4章では、インターネットの設計思想に基づいたセキュリティとプライバシーのあり方を取り上げています。ともすれば、私たちの社会・産業の活動に制限を加えると思われがちなセキュリティとプライバシーの問題は、インターネットに見られるポジティブな考え方に立つと、逆にイノベーションを持続させるための仕組みとなり、私たちのガバナンスの方法となることが分かります。

最後に第5章では、インターネット・バイ・デザインに基づいた社会・産業インフラの設計から、構築、運用までを具体的な例とともに論じています。スマートビル、スマートキャンパス、スマートエネルギーシステムなど、これまでのように実空間だけで展開していたインフラではなく、実空間とサイバー空間が融合されることで、新たな相互作用を持った形態になりうると言えるでしょう。

＊

本書では、二一世紀においてインターネットと社会・産業インフラの関係を考えるうえで重要と思われることを述べています。念頭においたのは、情報工学や通信工学を専門とする研究者や学生はもちろんですが、これからインターネットと統合されるあらゆる産業分野の方々（企業、官公庁、非営利組織など）、そしてインターネットと社会の行方に興味のある一般の方々です。そうした皆さまに少しでもご参考になるものをめざしました。本書をお読みいただいて、お一人おひとりの今後の活動に、少しでもお役に立つことができれば光栄です。

インターネット・バイ・デザイン——目次

第2章―デジタル技術の本質を理解する

第5章―インターネットに基づくインフラを設計する

編集協力——田中順子
装丁——メタ・マニエラ

第1章――インターネット・アーキテクチャの考え方を知る

インターネットは、人類が創造した最大規模のシステムで、私たちの生活に大きな変革をもたらしました。それは世界中のコンピュータが相互に接続されて、時間と場所に関係なく、自由に情報のやり取りを行うことを可能にしています。インターネット上の情報は、共有されたり加工されたりして、いろいろな目的で利用されています。

一九六九年に米国西海岸の大学で動き始めた四台のコンピュータ[1]のネットワークを起源として、急速にその規模を拡大したインターネットは、今日では地球全体を覆う重要な通信のインフラとなりました。その過程において、新しい技術とサービス、そしてビジネスと文化がさまざまに生み出されてきました。本章では、インターネットが持っているフレームワークや構造にあたるもの、すなわちインターネット・アーキテクチャについて取り上げます。

インターネット・アーキテクチャの「鍵」

インターネットの父の一人であり、インターネット技術の核であるTCP／IP[2]（Transmission Control Protocol/Internet Protocol）の設計に携わった中心人物にロバート・カーン博士がいます。カーン博士は、インターネット・アーキテクチャの特徴を次のように表現しています。

インターネットは、論理的なアーキテクチャである。スイッチやルータで形成される物理的なネットワークのことを言うのではない。それはデジタル情報を透明性のある経路に流通させて、コモンズ[3]の環境を提供する基盤である。インターネット・アーキテクチャの「鍵」は、選択肢（Alternatives）の提供にある。通信の面では、複数のメディアを自由に利用することが可能になる。

（ロバート・カーン博士との私的会話より、二〇〇四年一一月）

言うまでもなく、インターネットにはさまざまな技術が組み込まれています。デジタル情報の小包を地球上のすべてのコンピュータの間でやり取りするために存在するスイッチやルータ、あるいはそこに接続されるすべてのコンピュータが共通に装備しなければならないTCP／IPなどです。しかし、こうした具体的な技術仕様のことだけでインターネットを理解するのは不十分であり、重要なのはインターネットの論理的な構造、すなわちインターネット・アーキテクチャを理解することにあります。そして、このインターネット・アーキテクチャこそが、インターネットの考え方を抽象化したものだと言えます。

さらにインターネットというのは、デジタル情報の加工が通信経路の途中で行われない透明性を持ったものであり、コモンズの環境を提供していて、すべての個人や組織には他者に危害を加えない限り自

1　四台のコンピュータ…カリフォルニア大学ロスアンジェルス校（UCLA）、スタンフォード研究所（SRI）、ユタ大学、カリフォルニア大学サンタバーバラ校（UCSB）のコンピュータ。

2　TCP／IP…インターネットを構成するすべてのIT機器で利用されている通信プロトコル（通信規約）。IT機器の間での良好なデータのやり取りを担当するのがTCP、IT機器の間でのデジタル情報の小包の配送を担当するのがIPである。

3　コモンズ…Commons. もとは英国で牧草地管理を自治的に行う制度のこと。古典派経済学者ジョン・スチュアート・ミル（一八〇六～七三）が、資本主義がもたらす矛盾の解決策の一環として主張したもので、誰の所有にも属さず、他人に危害を加えない限り誰でも自由に利用できる土地を意味する。

由な行動が許されます。そしてインターネット・アーキテクチャの重要な点は、インターフェース（作法）のオープン化とモジュール化（部品の規格化）によって、さまざまな種類の規格部品を選択できる環境の提供にあって、これを「選択肢の提供」と表現しているのです。これによって、新しい技術を導入するときの障壁が小さくなり、システム自体の技術革新が継続的に行われるようになります。また通信の際には、デジタル情報を「伝達する」メディアだけでなく、「伝達される」メディアに関しても、自由に選択できる技術仕様を実現することに成功しています。カーン博士によるこれらの表現は、本書におけるインターネット・バイ・デザインに大きな示唆を与えてくれています。

「大まかな合意」と「動くものしか信用しない」

次に、インターネットのコミュニティによる有名な宣言を引用しましょう。一九八〇年代後半からインターネットが急速に普及するなか、莫大な数のコンピュータやデジタル機器をインターネットに収容するために、次世代ＩＰの技術仕様の検討が進められました。当時、実際の状況を確認せず、トップダウン的に技術の標準化が行われようとした事態に対して、従来の決定の仕方に戻すことが提唱され、それを当事者であるコミュニティが宣言したものです。いまでもインターネットに関係する組織で広く共有されていて、インターネットの技術仕様のみならず、その他のシステムの運用や管理に関する考え方にも影響を与えています。

私たちは、国王や大統領、そして投票を否定する。大まかな合意（rough consensus）と動くもの

（running code）しか信用しない。

（デービッド・クラーク博士、コミュニティによる宣言、一九九二年、神戸で開催されたINET'92）

絶対的な権威を持った人の意見、また多数決でものごとを決めない、そして関係者（ステークホルダー）の間での「大まかな合意」を尊重し、インターネットの技術仕様において「動くものしか信用しない」ということを言っています。

現在でもインターネットなどに関する国際標準化機関の多くは、参加組織が基本的に「国」であり、各国が平等な投票権を持ち、多数決で採決が行われているのが実情です。そのため、必ずしも適切な技術が採択されるとは限らない事態が生まれます。対象とするシステムが採用されるようなシステムの開発や運用を経験したことのない技術者が責任者になり、実装や稼働の実績のないシステムが採用されるような恐れもあります。そうした状況に対抗するため、権威や多数決で採用することをせず、開発途上にあって実際に完成するかどうかが分からないシステム（Vapor-Wareと呼ばれる）は信用しない、という精神を唱えているのです。

インターネットはつねに稼働して、ユーザからの要求に応えて、技術を進化させながら、時々刻々と形成されるオープンなシステムです。最初から詳細な技術仕様を決めることは非合理なので、大まかな合意に基づいて実働が可能なシステムからスタートすべきとの考え方が求められます。これは、インターネットにおける経験則（BCP: Best Current Practice）とされています。

以下では、インターネット・アーキテクチャに関する特徴を素朴な質問に答える形で整理していきます。

1―インターネットはどんな特徴を持っていますか？

七つの特徴

インターネットは、「ネットワークのネットワーク」と言われます。この地球全体を覆っているネットワークの集合体であるインターネットは、いったいどのような特徴を持っているのでしょうか。二〇〇七年一〇月にカナダのトロントで開催されたインターネット・ソサイアティ（Internet Society）の会合では「インターネットが維持すべき特徴」として以下の七点をまとめました。

（1）グローバル（Global）
（2）透明性（Transparent）
（3）多様なカルチャー（Multi-Culture）
（4）自由と匿名性（Liberty and Anonymity）
（5）公平ではなく公正（Fairness, not equity）
（6）コモンズ（Commons）
（7）機会の提供（Opportunity）

ここで挙げられている点を詳しく説明しましょう。まずインターネットは「グローバル」な空間であり、国境という概念を持たず（つまり国際 Inter-national という捉え方をしない）、国境を越えたコミュニティや組織を任意に作ることができます。これらのコミュニティや組織は、それぞれ特色を持った「多様なカルチャー」を形成し発展させることもできます。

インターネット上では、個人が「自由」な情報発信を行うことが「匿名性」によって確保され、さらに情報の加工が途中の通信経路上で行われないこと、すなわち、通信の「透明性」が前提条件となっています。インターネットをどのように利用するかは、「コモンズ」の考え方に基づき、他人に悪影響を与えない範囲で、自由な活動を可能とする環境が提供されなければなりません。

そのうえで、すべての個人・組織に同一のサービスを提供する「公平ではなく公正」な条件のもと、誰でも新しい取り組みや競争に参画する「機会の提供」が行われる必要があり、トップダウンではなくボトムアップ的なガバナンスの方針が推奨されています。

この七点はシンプルながら非常に本質を突いたものです。インターネット・ソサイアティでもインターネットのさらなる発展につながるとして、これらを維持することが掲げられ続けています。

国際とグローバル

インターネットの登場と時を同じくして、さまざまな活動（特に企業の経済活動や個人のコミュニケーション活動）がグローバル化されています。それにともないインターネットにおけるガバナンスに関する

国　際	グローバル
連邦型	プラットフォーム型
バイラテラル	マルチラテラル
搾取・非対称	ゼロサム・対称
国・政府が主役	国・政府は１プレーヤー （マルチステークホルダー）
例：国際連合	例：世界経済フォーラム

図 1-1　「国際」と「グローバル」のネットワークの比較

議論が、二〇一二年の世界国際電気通信ＩＴＵの会議[4]から活発化しました。さらに、二〇一四年のブラジルにおけるNETmundial会合[5]と呼ばれる国際会議を契機にして、通信規約に関する番号や名前[6]の管理の体制を含めて、ガバナンスのあり方が盛んに論じられるようになりました。

これらの議論を踏まえて、グローバルなネットワークの統治について考えてみましょう。私たちはどのような視点を持たねばならないのでしょうか。図１－１に、「国際」と「グローバル」という考え方を前提としたネットワークの比較をまとめました。

まず「国際」のネットワークでは、「バイラテラル（二国間、双方の）」に相互接続され、「連邦型」であるので、地理的境界の存在を前提としており、各国は自らの繁栄（富の集積）のために、ある意味で相手の国の富を搾取し、非対称な貿易を行うことになります。

他方、「グローバル」のネットワークは、地理的境界を越えて共有される「プラットフォーム型」なので、「マルチ（多数の）ステークホルダー」の間で形成される「マルチラテラル（多国間、多面的な）」のポリシーにしたがって、システムの運用が行われます。そこでは、国はマルチステークホルダー（国だけでなく企業や個人も含む）のなかの一つのプレーヤーの位置づけとなります。そのネットワークのガバナンスに関しては、国とマルチステークホルダーとの間での適切な協調や連携によって関係が構築されなければなりません。

2——インターネットは電話と比べてなぜ安いのか?

インターネットが電話のシステムと比較して、非常に安価なサービスを提供できる理由は、「デジタル技術」、「ソーシャルネットワーク」、「ベストエフォート(最大限の努力)」という三つの要素に集約することができます。それぞれを順に説明しましょう。

デジタル技術

当初のインターネットは大学などで利用されることが多かったのですが、キャンパスとキャンパスの間では、電話網の専用線による接続を用いた「モデム通信技術」が利用されました。一方、キャンパス

4　世界国際電気通信ITUの会議…WCIT-12(World Conference on International Telecommunication 2012)。次を参照 http://www.itu.int/en/wcit-12/Pages/default.aspx
5　NETmundial…次を参照 http://netmundial.br/
6　通信規約に関する番号や名前…コンピュータの住所に対応するIPアドレス、名前に対応するドメイン名、あるいは通信規約の仕様のなかで必要になる識別子などの番号や名前。これに関する業務は、IANA(Internet Assigned Numbers Authority)が行っている。

内では、イーサーネットケーブルに代表される専用の有線を用いた「デジタル通信技術」によって構築されました。

モデム通信技術とは、アナログ（音声）通信の上にデジタル通信を実現するものです（インターネットが普及する時期には、逆にアナログ通信がデジタル通信網の上に提供されるように変更も加えられました）。しかし、このようにデジタル情報をアナログ情報に変換し、さらにデジタル情報に変換するのは非常に効率が悪い。そのため、一九九〇年代終盤から二〇〇〇年代初頭におけるブロードバンド・インターネットの普及にともなって、ＤＳＬ（Digital Subscriber Line）に代表されるように、デジタルアナログの変換を行わずに、デジタル情報を直接に伝送するインフラへの移行が進められました。その結果、インターネットに接続された機器においても、デジタルアナログの変換の必要がなくなり、通信コストの劇的な削減が実現されました（詳細は次章で説明します）。

ソーシャルネットワーク

ソーシャルネットワークとは、世のなかですでに耳慣れた言葉です。インターネットの領域では、「個人の間のコミュニケーションを実現するネットワーク」を意味しています。しかし、都市設計や交通・流通の領域では、「個人（または組織）が資源を共有することで構成される大規模なネットワーク」を指している場合もあります。

後者の場合、個人が資源に対して貢献すれば、それが自身の利益として返ってくると想定されています。個人の自律的な投資が行われれば、そのシステムが社会に提供する機能やサービスが向上して、さらにはそれを個人が享受できるという「正の帰還（Positive Feedback Loop）」が実現されるわけです。これは個人と社会との間にWin-Winの関係が構築されるようなシステムです。「個人の全体に対する貢献が、全体の個人に対する貢献となる（One for All, All for One）」であり、「全体と個の双方向性」のメカニズムが働いているのです。

インターネットの領域でも、この意味でのソーシャルネットワークの性質が反映されています。インターネットのシステムが相互接続性を保つことで、個人の自律的な投資が行われて、社会に構築されるシステムの機能・サービスが向上し、さらにそれを個人が享受できる。つまり、正の帰還のメカニズムが形成されているのです。その結果、非常に安価なサービスを提供できるようになりました。

ベストエフォート（最大限の努力）

インターネットでは、デジタル情報の小包を目的地まで配送する際、「保証（Guarantee）」ではなく、「最大限の努力（Best Effort）」を行うようにしています。電話に代表される旧来の通信サービスには、「サービス・レベル・アグリーメント（SLA: Service Level Agreement）」と呼ばれる品質の合意があり、サービスにあたってどの程度の品質を保証するかを明示したうえで、そのレベルを満足させることが前提となっていました。しかし、インターネットのサービスには、このような保証をするタイプのSLAは基本的には存在しません。その代わりに、最大限の努力によってサービスを提供することを前提としたSLAがあり、次の二つの点に基づいて実行されています。すなわち、（1）できるかぎり正確に、小さな遅延で情報を転送することを目標とする、（2）サービスの品質の確保はネットワークの端（エンド）

にあるユーザが責任を持つ（この考え方を「エンド・ツー・エンド」と呼びます）。これではサービスが低い品質になってしまいそうですが、実際にはより高い品質を提供することが個人と全体の得になるソーシャルネットワークの構造になっているため、正の帰還が適切に発揮されることが分かっています。

さらに、（2）の考え方は、デジタル情報を配送する各システムに対しては、品質の責任を免除することになりました。たとえば、ルータと呼ばれるデジタル情報の小包を中継する機器は、データの流れに関する状態管理を行う必要がなくなり、そのための負荷を劇的に軽減することに成功しました。その結果、インターネットでは超高速で広帯域の通信サービスを提供できるようになったのです。

このように、各システム側が提供するサービスの品質がベストエフォート（最大限の努力）であるがゆえに、そこに接続するユーザ側にとって自身の機器を高機能化するインセンティブが高まったことも事実です。「個人の全体に対する貢献が、全体の個人に対する貢献となる」という関係が、より増幅されたと解釈できるでしょう。

3―インターネットは、なぜ大震災の際に動いたのだろう？

機能したもの、機能しなかったもの

二〇一一年三月一一日に発生した東日本大震災の際には、ＩＣＴ／ＩＴシステムのなかで機能したものと機能しなかったものがありました。その違いはどこにあったのでしょうか。インターネットを利用したサービスは動作を継続できた一方、電話に代表されるその他のサービスはそれが不可能でした。それぞれを整理してみましょう。

［機能したもの］

・蓄電池で動く携帯端末（ノートPC、タブレット端末など）
・SNS（Twitter, Facebook など）
・ウェブサーバ
・データセンター[7]
・衛星

［機能しなかったもの］

・電話（黒電話、有線電話、携帯電話）
・ショートメッセージサービス（SMS）、携帯電話メール
・企業の停電対応システム

7　データセンター…各種のコンピュータ（サーバなど）やデータ通信などの装置が置かれた施設の総称。インターネットを用いたサービスの提供に特化した施設は、「インターネットデータセンター」と呼ばれる。

このように並べてみると、「機能したもの」には共通した特性があります。次の五点にまとめることができます。

（1）ベストエフォートのサービスが通常で動いていた

インターネットでは、つねに変動する環境のなかでサービスを継続できるための技術が開発されており、それが各システムに適用されていた。加えて、サービスの停止はビジネスにとって致命的なので、普段からベストエフォートの考え方によって、最大限の努力によるという品質のサービスが提供されていた。したがって、想定外の状況（ウェブサーバにアクセスが集中して高負荷がかかる、など）が起きても、サービスの継続ができるような業務がつねに行われていた。また、サービスの維持を優先するため、低い品質のネットワーク基盤の利用も含めて実践的な運用もなされていた。

（2）通信媒体や経路をすべて利用していた

サービスの停止を防ぐために、通常時から通信媒体や経路すべてを利用できるようにしていた。すなわち、非常時専用のシステムやアルゴリズムがあるのではなく、通常時も非常時と同じ環境での運用となっていた。

（3）自律および協調のサービスであった

各システムの動作が閉じた独立のものではなく、ソフトウェアプログラムによって、他のシステムと自動的に協調することが前提とされていた。同時に自律した動作も想定されており、外部との連携がとれなくても単独で運用できるシステムとしていた。

（4）情報の紛失を前提としていた

ベストエフォートのサービスなので、情報が紛失されることも前提として、すべてのシステムの設計が行われていた。その結果、システム内では各データの流れを管理せず、サービスの品質の確保をエンドにあるユーザの責任としていた。そのため、非常時においても通信インフラの負荷が想定以上に高くなってしまう状態を防ぐことに成功した。

（5）システムの制御がプログラムによって自動化されていた

サービスの提供を維持するために管理や制御の機能が必要とされるが、そのほとんどがプログラムによって自動的に動いていた。つまり、人の判断が介在しない形態であった。人がプログラムの不適切な動作を上書きして制御することは重要であるが、災害が大きいときほど担当者が動作の実施に大きな不安を持ち、躊躇してしまうことが少なくない。

（5）に関して言えば、実際に広域電力供給システムでは、非常時の動作の起動を人が行うものだったために、実施が遅延して、停電が発生した事例がありました。その後は、災害時の動作の実施をできるかぎり人が介在しない形態へと変更されたと聞いています。このように、プログラムによる災害時の対応の自動化が、インターネットの継続した稼働をより確実にしたと言えます。

元旦のメッセージ通信

一方、「機能しなかったもの」は、非常時の動作が通常時のそれと異なるという前提で設計されているものばかりでした。別の言い方をすれば、非常時の動作というものが、通常時には運用することのない特別な形態となっていたのです。さらに非常時に際して公平性は担保されず、特定のユーザを優先するような制御によってサービスを継続させるという考え方をしており、それに基づいた動作アルゴリズムとなっていました。

これは携帯電話メールにおける元旦の「あけましておめでとう」のメッセージ通信に象徴されています。元旦には、通常よりも多数のユーザが携帯メールを送信しようとします。このような〝非常時〟の対応が必要なとき、携帯メールは利用できるユーザ数を強制的に制限することで、サービスの品質を確保します。さらに、ユーザには格付けが行われており、優先度の高いユーザ（政府や自治体など）の通信は確保されるようになっています。つまり、非常時では、すべてのユーザにサービスを提供することはあきらめて、優先すべきユーザに対するサービスのみを継続するような考え方です。当初から、そうしたシステムの設計がされていたのです。

このような特性は電話一般に見られるものです。それを知っている報道機関は、非常時にいったん通話ができたときにはできるかぎり切断しないようにしています。こうした例は、二〇〇一年九月一一日に発生したアメリカ同時多発テロの際にも見られました。現地とつながった放送局は再接続が拒絶されることを知っていたので、電話を切断することなく接続したまま情報の収集を行っていたのです。

すでに整理したように、東日本大震災の発生時では電話に代表されるもの（＝特別な動作を前提にしたシステム）が稼働するケースはきわめて少なかった。携帯メールでは、元旦のような〝非常時〟にサービスの量を強制的に制限するなどの特別な手段がとられていたのですが、それを上回る非常時には対応ができておらず、動作することができませんでした。

それに対して、インターネットを利用したもの（＝特別な動作を前提にしなかったシステム）が稼働できたわけです。インターネットでは、ソーシャルメディアにおける「炎上」のような突発的な状態になっても、いろいろな手段を用いてサービスを継続させます。それがユーザの確保となり、ビジネスの成功につながるので、この〝非常時〟でもサービスの量を強制的に制限するといった特別な動作が行われませんでした。そのため、東日本大震災のような未曽有の状況にあっても、サービスの品質の低下はあったとはいえ、逆にサービス自体は継続することができたのです。

さまざまな災害時において、自治体や企業などの組織が準備していた非常時の対策システムが、実際には良好に稼働しなかったケースを私たちは見てきました。このような対策システムにインターネットの持つ特性を取り入れるならば、想定外の状況が発生したとしても対応できるに違いありません。

湾岸戦争とソ連崩壊でのインターネット

これまで見たようなインターネットの特性のおかげで、災害などの非常時にもデジタル情報の小包が目的のコンピュータに届けられることがお分かりになったと思います。このインターネットの情報伝達の堅牢性がはじめて確認されたのは、一九九〇〜九一年の湾岸戦争、そして一九九一年のソ連崩壊の時期でした。

湾岸戦争では、砂漠の過酷な環境での軍事活動を強いられました。そこで最も強固に稼働したのがTCP／IPの技術を用いたシステムであったことが知られています。TCP／IPでは、相互に接続されている通信メディアすべてを利用できるので、デジタル情報の小包であるIPパケットが伝達の途中で紛失したり遅延しても、さまざまな装備にあるコンピュータや兵士たちが所持するコンピュータが各自でそのIPパケットを再送してくれたので、データ通信の提供が継続できたのです。このような劣悪な環境では、従来のように、特定の通信媒体がつねに動作することを前提としたシステムでは対応が不可能だったのです。

また、ソ連崩壊のときには、ソ連政府は電話や放送などを用いた国外との通信を遮断しようとしました。ところが、インターネットは特定の通信事業者に依存したシステムではなかったので、いろいろな通信媒体を経由して、デジタル情報の小包を目的のコンピュータに届け続けることができました。そのため、米国の民間の記者が電子メールを用いて、現地での状況をほぼリアルタイムに報告するという状況が生まれました。

4―インターネットは、なぜ進化を続けられるのだろう？

ウサイン・ボルトと江崎の一〇〇メートル競走

「子どもの運動会の一〇〇メートル競走で優勝するならば、どうしますか」。このように質問すると、多くの場合「練習する」との回答をもらいます。では、「子どもの運動会の」を「北京オリンピックで陸上一〇〇メートルの金メダリストになったウサイン・ボルトとの」としたら、どのような返事が返ってくるでしょうか。多くの回答は「そもそも無理なので考えない」です。

ところで、江崎とウサイン・ボルトの身体スペックを比較すると……身長は一九六センチ対一六八センチで江崎が一五％小さく、体重は九五キロ対一〇〇キロで江崎が五％重い。ほとんど同じスペックじゃないですか！　でも、ボルトは九・五八秒で一〇〇メートルを駆け抜け、江崎は途中で転んで「タイムなし」なので効率性の違いは無限大となります。とはいえ、ボルトの名前を知らず、また実際の写真を見なければ挑戦してみようと思っても不思議ではないはずです。問題は、名前や写真を見て、そもそも挑戦するために頭を使うのを諦めてしまうことにあります。

では、どうやったらボルトに勝てるのでしょうか。通常の方法である「練習」では、ほぼ不可能です。ならば、どのような手を使うか。脚をロボット化すれば勝てそうです。これは革新的な技術の導入と捉えられるでしょう。ただ、これでボルトには勝てますが、オリンピックでは勝負ができません。そこには、オリンピックの一〇〇メートル競走のルール（＝規制）が存在するからです。つまり、改善（＝練習）ではなく、革新的な技術で勝つためには、ルールの変更を必要とするケースがほとんどなのです。この場合は、脚という機能を実現するモジュール（部品）を「入れ替え可能にする」、あるいは「他の選択肢を可能にする」といった、ルールの変更ができればよいのです。そう考えると、一〇〇メートル競走でも、基本的なルールが存在しないパラリンピックは新しい技術を用いた領域を切り開く場所と言えるのではないでしょうか。ここでボルトのように優秀な、いまの「勝ち組」は、ルールを変えないようにに最大限の努力を行うでしょう。なぜなら、これまでのルールにボルトは最適化されているため、ルールが変えられると「ガラパゴス化」となってしまうからです。

さて、一〇〇メートル競走のために作ったロボットの脚は、改造すれば他の競技に流用できそうですし、オリンピックの競技以外の領域でも利用できるでしょう。そのためには、ロボットの脚を誰が（Who）、どこで（Where）、どのように（How）使うかを制限しないようにすることです。これは、革新技術の「横展開」です。さらに次の段階では逆説的ながら、この新しい技術が「その技術でしかできない」領域を見つけ出すことです。以前の領域ではある機能のエミュレーション（仮の姿）のための技術だったものが、「その技術でしかできない」領域ではネイティブ（本来の姿）のための利用法を獲得することにつながります。革新的な技術によって、これまでできなかった領域や存在しなかった領域を開拓するわけです。この段階になると、既存のルールがありませんからルールを自分で作ることができます。じつはインターネットが進化を続けられる理由についても、これと同じことが言えるのです。

選択肢を提供する

一〇〇メートル競走では、脚という機能を持つモジュールを入れ替える、または他の選択肢を可能にするということがとても重要なポイントでした。インターネットでも、システムの構成要素を意図的にモジュール化し、そのモジュールを利用するためのインターフェースをオープン化しています。さらに、そのインターフェースを共通化することで、各モジュールを異なる技術や実装方式に入れ替えられる設計が行われてきました。

ある機能を実現するための技術や実装方式を選択可能にすれば、その機能の提供者の間で競争を促進させるとともに、それらをスムーズに（他のモジュールへの影響を与えずに）入れ替えできる状態を作ることができます。それによって、品質向上と技術革新が継続的に促されて、個々のモジュールとシステム全体においてコストダウンも達成されます。そして各モジュールが絶えず変化するにもかかわらず、システムの持続性が確保された環境が実現できたわけです。

技術や実装方式を入れ替え可能にするには、モジュールを利用するためのインターフェースを決める必要があります。このインターフェースこそが、入れ替えの作業に大きな影響を与えます。インターフェースを介してモノ・機能・方法の本質的な要素を抜き出すこと（=抽象化）に成功すれば、入れ替えの手間が小さくなりますし、システムに拡張性と柔軟性を持たせることになるわけです。

最適化を行わない

もう一つ、インターネットが進化を継続することができた重要な理由として、「ラフ・アーキテクチャ（大まかな構造）」が挙げられます。モジュールの各々が新しい技術や実装方式を適用するときには、他のモジュールへの影響がまったくないということはありえません。この影響を可能なかぎり小さくし、モジュールの入れ替え（=選択肢の提供）を実現するために、あえて最適なシステム設計を行わないようにしてきました。

ウサイン・ボルトとの競争で考えてみましょう。ボルトは自らのシステムの最適化を行っている、つまり現在に与えられた条件において最適な仕様で設計されています。したがって、新しいコンポーネント（構成要素、たとえばロボットの脚）をボルトが実装すると、今度は最適性を失って、他の仕様への影響範囲が大きくなってしまうでしょう。コンポーネントの変化に対して、その影響範囲をより小さくするためには、システムをモジュール化しながら、あえて最適化しない方が有利なのです。つまり、ラフ・アーキテクチャをめざすのです。

動くものを尊重する

インターネットには、途中の通信経路で情報の加工が行われず透明性を持つという意味で、オープン性が備わっています。また、システムの境界が固定された閉域システムではなく、利用者が自由に参加し退出できるという意味でもオープン性が保たれています。閉域システムというのは最適化が可能です。他方で境界が存在しないオープンシステムでは、最適化を図ることが難しいと言えます。システムを設計する際、最初の状態（初期値）が同じであっても、外乱によって状態は一意には決まりません。そのために、初期値に微小な差があると、時間の経過とともにその差が指数関数的に大きくなります。

たとえば、パチンコでは初期値である玉の速度と角度がほんの少し違っても、玉の最後の到達点は大きく違ってしまいます。このような現象は、カオス理論における初期値鋭敏性（あるいは軌道不安定性）として知られています。短期的にはある程度の予測ができるのですが、長期的な予測は事実上不可能となるので、バタフライ効果とも呼ばれます。

システムの構造が変化しないパチンコでさえ、このように玉が予測不能な動きとなることを考えれば、システムの構造がつねにそれ自体の状態に応じて変化するオープンシステムでは、初期値が与えられても、その後のシステムがどうなるかを予想するのはほぼ不可能であることが分かります。気象の予測も数日後まではできますが、一週間以上になると、最新のスーパーコンピュータを用いてもほとんど不可能となってしまいます。

このように初期値の設定が難しく、さらにさまざまな予測できない外乱が入ってくるオープンシステムでは、その後の結果を測ることはできません。そこで最初からシステム全体を詳細に設計するのではなく、動きながら順次修正を加えていき、環境の変化に対応させながら進んでいくしかないのです。したがって、インターネットではそれ自身が閉域システムではなくオープンシステムなので、最適化を行わずラフ・アーキテクチャだけを決める、そして動くものを尊重して状況に応じて適宜変更していくのです。そこでは新しい技術や実装方式が選択肢の一つとして導入されることも許容されています。

この「動くものを尊重する」に近い方針を掲げているのは、米国の国立標準技術研究所（NIST）[8]です。NISTは、その初期に消防車のホースのバルブの規格を調整したことで知られています。かつて大火災が発生したときに、周りから駆けつけた消防車が活躍できなかった。州ごとにホースのバルブの規格がバラバラだったので、協働作業を妨げていたのです。その経験を踏まえて、NISTは「米国連邦政府の技術仕様をどの州でも採用して、共通の規格にしましょう」と提唱したのです。その際に、「推奨はするけれども強制はしない」としたわけで、それが非常に賢明で実践的な仕組みになったのです。ある意味で実際に使えるもの（＝動くもの）しか信用しないという考え方です。この場合、NISTから提唱された規格が合理的でなければ、それぞれの州は採用しなくてもいい。それが「推奨」の意味です。反対に、その共通の規格に乗った方が便利と考えれば採用し、そうした州が増えていけば協働作業を行える範囲も広がるわけです。

インターネットで言えば、産業界や市場は新しい技術や実装方式を採用しなくてもよいのですが、それによって有利になるならば採用するということです。そうした技術や実装方式を利用しようと考えるユーザが増えるならば、相互の接続性が保たれることになって共通のプラットフォームができて、そこで新しいビジネスが生まれ、大きな市場になる可能性も出てくるのです。

いつでも変化に対応できる構造

これまでの内容をまとめると、インターネットが進化を続けることができる理由は以下のようになります。

（1）ルールを固定化しない
・誰が（Who）、どこで（Where）、どのように（How）を制限しない
・これまで存在しなかった領域の開拓
（2）選択肢を提供する
・モジュール化
・オープン化
（3）最適化を行わない
・ラフ・アーキテクチャ（大まかな構造）
（4）動くものを尊重する
・最初からシステム全体を詳細に設計しない

8　国立標準技術研究所（ＮＩＳＴ）…National Institute of Standards and Technology. 米国の国立の研究機関であり、米国の技術革新や産業競争力の強化、あるいは社会・産業の活動の質を向上させるための規格の策定や技術開発の促進を行っている。http://www.nist.gov/

こうした考え方のいずれもが、インターネットの進化の維持につながっていると思われます。ダーウィンの進化論を連想させる言葉で端的に述べるならば、次のようになるでしょうか。「この世に生き残る生き物は、最も力の強いものではない。最も頭のよいものでもない。それは変化に対応できる生き物だ」。いつでも変化に対応できる構造にする。そして新しい構成要素がシステムにもたらされるようにする。そのために誰もが接続して参加できるようにする。今後もインターネットは、こうした努力を持続させなければならないと言えるでしょう。

5——ガラパゴス・ビジネスはよいことか？

ガラパゴスの製品・サービス

「ガラパゴス化」とは、日本で生まれたビジネス用語です。日本市場という孤立した環境で最適化した製品やサービスが、海外市場との互換性を失ってしまった。その結果、日本製と比べて品質や機能で劣るにもかかわらず低いコストであるために、他の製品・サービスが海外に広まってしまう。日本製が海外での市場を獲得できない、あるいは日本市場でかえって他に淘汰される。このような事態を意味しています。

日本の製品・サービスというのは、「ガラパゴス」は得意であるが、「グローバル標準」は不得意であるとよく言われます。なぜなら、モジュール化やオープン化は、日本が得意とする機能の「擦り合わせ（構成要素を相互に密接に関連させた方法）」や「作り込み」という長所を消し去ってしまう面があるからです。その他にも、英語による会話力や交渉力の不足のために、グローバル化した世界で日本の優れた技術をなかなか認めてもらえない、という事情も拍車をかけているようです。

しかしながら、優れた製品・サービスを提供すれば、これを世界が認めてくれるはずという意識は日本企業とくに製造業に根強く残っており、そう簡単に払拭できそうにはありません。そうすると、海外で売れなくても日本ではその価値を分かってくれるだろうとなって、日本特有のガラパゴスな製品・サービスがますます展開されることになるわけです。ある国や地域に特化した製品やサービスが、そこだけで消費されることはしばしば見られますが、日本ではその傾向が海外と比べて大きいと思われます。

ガラパゴス化による機能の擦り合わせや作り込みの範囲が大きいと、ウサイン・ボルトの一〇〇メートル競争で見たように、あえて最適化しない種（＝システム）に比べて不利になってしまいます。しかし、擦り合わせの範囲がモジュール内で行われるのであれば、日本人が得意とする高品質・高機能をそのまま提供できるので、グローバルな市場で展開することも可能となります。ソニーが開発した非接触型ICカードであるフェリカ（FeliCa）が、このシナリオの事例になるでしょう。

フェリカは、「無線の通信機能」と「データ処理機能」を持っています。当初はソニーのみで製造されたもので、この二つの機能の擦り合わせ型という内部構造となっていて、それぞれが明確に分離されてはいませんでした。しかし、海外の市場が見えるようになってきたとき、無線の通信に関しては、国によって利用できる周波数や方式が異なっているという状況があったので、二つの機能を分離して、二つのモジュールにしたのです。これによって、多くの国で「無線の通信機能」を提供できる企業が登場して、フェリカの海外における市場の拡大が実現しました。同時に、ソニーは「データ処理機能」のモジュールにおいて、ガラパゴス化していた優れた技術を展開したわけです。このように、オープン化とモジュール化の粒度（大きさ）をどうするか、またガラパゴス化の範囲をどうするかといったことが重要となるのです。

ガラパゴスの市場

次に「ガラパゴスの市場」について考えます。ガラパゴスが成り立つためには、それなりの市場規模を持っている必要があります。日本は米国、中国に次ぐ世界でも第三位の市場規模なので、他の国と市場の互換性がなくても十分であるとも言えます。しかし現在、世界の市場規模の格差は小さくなりつつあって、日本と中国以外のアジア（インド、東南アジア諸国）などは急激に増大しています。このような状況のなかで、日本のガラパゴス市場をどのように考えればよいのでしょうか。

日本の市場は、非常に高い品質の製品・サービスを求めるという特徴を持っています。たとえば、日本のインターネットは、二〇〇〇年頃に施行されたe-Japan戦略[9]によって、世界で最も広帯域で安価なブロードバンド環境を提供することに成功しました。他の多くの国には、いまだ実質的には存在しない環境であり、めざすべき未来のインフラの姿となっています。このような例からも、日本の市場では高い水準の品質の製品・サービスが期待されており、そうしたなかでガラパゴスが出現し、盛んに展開されていると考えられます。

こうした日本のガラパゴス市場は、企業内にある研究所に似ているかもしれません。そこでは市場の競争に耐えうる製品・サービスを展開する事業部とは異なり、理想的で高コストなプロトタイプの開発が行われます。このプロトタイプはすべてが事業化されるわけではなく、一部が市場に投入され、そのなかでもわずかなものが競争力を持つことで受け入れられます。ここでいう「企業内にある研究所」を「日本のガラパゴス市場」に、そして「事業部」を「海外の非ガラパゴス市場」に置き換えると分かりやすいと思います。

こうした状況において、「海外の非ガラパゴス市場」で成功した技術は、さらに「日本のガラパゴス市場」に逆輸入されます。ある意味でリバース・イノベーション[10]が起きると言えます。ここで重要なことは、「非ガラパゴス市場」で培った技術を「ガラパゴス市場」の製品・サービスにいつでも組み込むことができるように準備をしておくことです。つまり、そうした製品・サービスのモジュール化とオープン化を行っておくのです。このような特性を持つのであれば、ガラパゴス化は悪いことではありません。むしろ新しい技術そして製品・サービスを最先端の市場で試すことができるわけで、素晴らしい環

9　e-Japan 戦略…二〇〇〇年九月に日本政府が掲げた日本型ＩＴ社会の実現をめざす構想・戦略・政策の総体。ＩＴ基本法の制定や超高速インターネットインフラの整備、インターネットサービスの低廉化や利便性向上を推進した。この数年後に日本のインターネット環境は、世界最高水準の通信速度と低価格を実現した。

10　リバース・イノベーション…通常では、イノベーションは富裕国（「上流」）で生まれて、受け入れられた商品・仕組みが、次第に新興国（「下流」）へ波及すると考えられている。しかし、新興国（下流）の独自事情（経済コスト、インフラ、気候など）を考慮して生まれたものが、富裕国（上流）へと波及するイノベーションの逆流が存在する。この逆流的なイノベーションの波及は「リバース・イノベーション」と呼ばれる。

境にあると言えます。

6――なぜベストエフォートでよいのだろう？

ベストエフォートは、日本語では「最大限の努力」と訳されます。この表現を見て、どのような印象を持たれるでしょうか。あくまで努力なので、低い品質のサービスになるとやはり思われるでしょうか。この場合、「最大限」をどのように捉えるかに大きく関わってきます。

じつは保証型もベストエフォート型

私たちが何かサービスを利用するときには「内容」と「信頼度」、これにサービスを享受するのに必要な「コスト」を基準として、それを選ぶかどうかを判断するでしょう。その際、サービスの提供者が契約者に対し、どの程度のサービスの品質を保証するかを明示した合意書があり、これを「サービス・レベル・アグリーメント（SLA）」と言います。インターネットの場合も、ユーザはサービスを提供する事業者（＝サービスプロバイダ）が提示するSLAの条件をもとに、サービスの購入を判断するのです。ただ、ここで重要なことは、そのサービスがベストエフォートに基づくもので、一〇〇％提供される保証がないということです。

ところで、「ベストエフォート型サービス（Best Effort Service）」と比較するうえで、「保証型サービス

(Guaranteed Service)」というものがありました。サービスプロバイダが、数字で設定された品質をユーザに提供することを保証するサービスです。しかし、このサービスの品質もある確率にしたがったものであるため、実際には品質が一〇〇%保証されるわけではなく、ある度合で提供することが不可能になります。つまり、ベストエフォート型サービスと同じになっています。要するに、このサービスでは提供できる「確率」を守ることを約束しているのです。もちろん、この「約束」もじつはベストエフォートなのです。

目標値がないのに、なぜさぼらないのか

インターネットが提供するサービスは、デジタル情報が詰め込まれた小包(=IPパケット)を、目的の宛先まで届けるというものです。その実行にあたって、インターネットの参加者は、最大限の努力を払って、サービスを提供することになっています。この場合、最大限の努力の具体的な中身は、IPパケットをできるかぎり速く、正確に(内容と配信先を誤りなく)届けるというものです。インターネットは、このような単純なサービスを行っているだけなのです。

しかし、なぜ目標とすべきサービスの品質がないのに、インターネットは社会に受け入れられたのでしょうか。インターネットではめざすべき品質が課されず、最大限の努力を提供すればよいとされているので、ほとんどの参加者が高い倫理観を持たないことには、「最大限」を可能な限り低くしてしまう「負の帰還」が生まれるように思えます。しかし、インターネットでは、それとは正反対の、参加者が競って高い品質のサービスを提供する「正の帰還」が生まれています。なぜなら、より高い品質のサー

ビスを提供することが、自身の得になるような構造が作られているからです。インターネットでは、各モジュールを異なる技術や実装方式で入れ替えられるようにしたことで、あらゆる個人や組織に対して、サービスを提供してビジネスに参入する機会を提供しました。その結果、適切な競争環境ができて、それが維持されたのです。

しかも、最大限の努力なので、サービスの品質には上限がありません。もし目標とする品質があったならば、それ以上の品質の向上は必須のものではなくなります。したがって、品質を維持したうえでのコストの削減（＝効率化）には取り組むが、品質の向上には努力を払わなくなる（＝さぼる）でしょう。けれども、インターネットでは、目標とする品質を定めていないので、これで達成したということがありません。意欲のある個人や組織はさらに上をめざします。実際に成功した企業がつねに品質を向上させる努力をしていることは明らかです。この点からも、最大限の努力という目標の品質を定義しないシステムこそが、正の帰還を生み出したのだと考えられます。

もう一つの重要な点は、守るべき目標の品質が存在しないからこそ、かえって品質向上のための努力をして市場競争力を獲得するというインセンティブが生まれることです。逆に品質の目標値を設定する場合には、その品質を守れない技術水準の組織をどのように扱うのか、また目標値の変更をいつ、どの程度で実施するのかは難しい判断となります。つまり、守るべき目標値が存在しないおかげで、市場原理に基づいた品質向上が自動的に行われるわけで、事業者間でのカルテルのようなことがないかぎり、そこには競争環境が形成されると言えるのです。

ベストエフォートの環境をどのように継続させるのか

このようなベストエフォートが働く環境は、どうすれば維持できるのでしょうか。これはインターネットのガバナンスにとって重要な課題の一つです。インターネットの方針に関して米国の政策に強い影響を与えているものとして、二〇〇五年に米国連邦通信委員会（FCC: Federal Communication Commission）が発表した「ブロードバンド政策綱領[11]」が挙げられます。そのなかで、ベストエフォートの鍵となる「ネットワークの中立性（Network Neutrality）」が提言されており、次のように述べられています。

ブロードバンドの展開を促進し、公共のインターネットがオープンで相互接続された性質を保持するため、消費者には次の四つの権利が与えられる。

1 合法なインターネットコンテンツに自由にアクセスする権利
2 法が許す範囲で、自由にアプリケーションを実行しサービスを利用する権利
3 ネットワークを傷つけない合法な手段で自由に接続する権利
4 ネットワークプロバイダ、アプリケーションプロバイダ、サービスプロバイダ、コンテンツプロバイダを選択する権利

11 ブロードバンド政策綱領…次を参照。https://apps.fcc.gov/edocs_public/attachmatch/FCC-05-151A1.pdf

つまり、すべての人が合法な範囲でコンテンツにアクセスできて、サービスを提供し利用できて、デジタル機器をインターネットに接続できる、そして特定のプロバイダにロックイン[12]されることなく、自分の意思で自由にプロバイダを選択することができるという内容です。このＦＣＣが提示した原則は、米国だけでなく世界中で広く参照されており、各国における情報通信の政策の背景として役割を果たしています。各種のプロバイダではなく、ユーザが主導で情報通信インフラの運用を行わなければならないことが、ここでは提言されているのです。

ところで、ＦＣＣというのは米国連邦政府の独立機関で、放送通信事業の規制監督を行い、事業者に対する免許の交付の決定権と規制の制定権を持っています。ＦＣＣの起源は一八八七年に設立された州際通商委員会（ICC: Interstate Commerce Commission）にさかのぼります。設立当初のＩＣＣの目的は、最盛期を迎えていた鉄道産業の健全な発展を促進するためのルール作りにあったと言われています。一部の企業が圧倒的な優位によって不健全な市場の支配を行うことのないように、そこに競争原理が働くための規制が作られました。たとえば、線路を敷設する企業が一つしかない地域では、その線路を利用した列車の事業を行う複数の鉄道会社に対して、公正で公平な条件が提供されなければならず、しかもその条件は公開される。あるいは列車の入れ替えが行われるターミナルでは、特定の鉄道会社だけに利用させるのではなく、複数の鉄道会社に対して中立性を有せなければならない、などでした。

非常時でも対応できるベストエフォート

インターネットのサービスがベストエフォートによって成り立つならば、品質に守るべき目標がないので、災害時のようにすべてのユーザに十分な品質を提供することが困難なときでも、かえって継続的なサービスの提供が行えるようになります。本章3節でも述べたように、これは東日本大震災において示されました。

インターネットが提供するサービスは、IPパケットを目的地に届けることですが、そのIPパケットが配信される経路は、転送サービスを行うルータで動作しているプログラムによって自動的に決められます。これは「経路制御」と呼ばれています。目的地に到達できる経路が存在しない場合や、残念ながらそれを見つけられない場合もありますが、経路制御によってIPパケットが目的地まで到達できる経路が、インターネットの状況を把握しながら最大限の努力で探されるわけです。その結果、転送の遅延などが起こってサービスの品質は必ずしもよいとは言えませんが、最終的には経路を見つけ出す可能性が高くなります。このような動作を行っているので、非常時でもその段階で利用できる経路を探し出し、IPパケットを紛失せずに目的地まで届けることができたのです。

従来の電話システムは、通話サービスの品質を掲げてそれを満足させるという構造でしたので、非常時には利用を制限せざるをえなくなって、すべてのユーザにサービスを提供することができませんでした。品質に守るべき目標が存在したために、逆にサービスが制限されたのです。それに対して、インターネットは目標とする品質が存在しないシステムであったために、低い品質でありながらも、より多くのユーザに対してベストエフォートとしてのサービスを提供し続けることができたわけです。それが非

12　ロックイン…他のプロバイダが提供する同種サービスへの乗り換えが困難になること。

常時では有効だったということです。

7―エンド・ツー・エンドってどういう意味？

「エンド・ツー・エンド」とは、ネットワークの端（エンド）にあるユーザの機器が知性を必要とする高度な処理を行い、ネットワークのなかにある機器が単純な処理のみを行うような構造にすることです。ユーザの機器の性能を向上させて、イノベーションを持続させるとともに、それによってユーザたちがグループやコミュニティを形成して、そこからカルチャーを自由に発信できることまでも視野に入れています。エンド・ツー・エンドに基づいたシステムの設計は、以下のように整理することができます。

ユーザ間での機能はユーザの責任

インターネットのサービスは、ＩＰパケットを目的地まで届けることでした。インターネットが大規模化しても、ＩＰパケットの転送を担当するルータの負荷が急増しないように、できるかぎりシンプルに全体のシステムが設計されています。では、そうした設計によるルータの機能とはどういうものでしょうか。それは、「ルータがＩＰパケットを受け取ったら、次の中継地のルータ（あるいは目的地のコンピュータ）に転送する」です。ＩＰパケットを転送する際には、ルータは送信元のコンピュータがどれなのかをまったく気にせず、目的地に関わる情報だけを頼りにして、最も適切と考えられる隣接のルータに転送します。さらに隣接するルータに転送した瞬間、そのＩＰパケットのことは忘れます。

このように、ルータは「送信元のコンピュータ」と「受信先のコンピュータ」の間でのＩＰパケットの転送がしっかり行われたかどうかには、いっさい責任を負う必要がありません。ルータはユーザ間での通信を管理することなく、隣のルータから受け取ったＩＰパケットを、また隣のルータに中継するだけでよいのです。このような単純なサービスを、最大限の努力で実行しているわけです。

中継転送するルータのサービスはあくまで最大限の努力でよいので、ＩＰパケットの順番が間違ったり、遅延が大きくなったり、あるいは目的地に到達できなかったりする可能性もあります。そこでユーザ間で誤りのないデータ通信を実現したいときは、そのための機能を高めるにしてもユーザのコンピュータに任されています。ユーザ間でのデータ通信の責任は、始点のコンピュータと終点のコンピュータ、つまり端（エンド）のコンピュータが持つという考え方です。したがって、エンドのコンピュータ間（＝エンド・ツー・エンド）で、インターネットから提供される最低限のサービスとは、ＩＰパケットのなかにあるデジタルデータをたんに送受信するだけというわけです。

ユーザのなかには非常に高度な通信機能を要求する人もいれば、そうでない人もいるので、どのような機能をエンドのコンピュータ間に提供するかはユーザ（＝エンド）のコンピュータに完全に任せるということになります。そのためには、エンドのコンピュータ間における転送経路上のルータは「透明性」を持ったものが求められます。透明性とは、受け取ったＩＰパケットに修正や変換などをまったく加えないという意味です。

透明性が持続的進化を可能にした

このように、ルータが透明性を持った転送を行うことで、各ユーザ（＝エンド）による多様なサービスが自律的かつ分散的に実現されました。さらに、エンドのコンピュータの技術の進歩とともに、エンドのコンピュータ間で提供されるサービスの品質の向上も担保しました。ここでいう「エンドのコンピュータ」とは、各種プロバイダからサービスを提供されるユーザのコンピュータだけではなく、そうしたサービスをユーザに提供するためにサーバのコンピュータも指します。つまり、ウェブサーバや電子メールサーバのように、プロバイダのなかで稼働しているサーバのコンピュータもエンドのコンピュータであるのです。

ところで、「エンドのコンピュータ」に近い存在のものがいくつかあります。たとえば、ゲートウェイやファイアウォール・ルータです。ゲートウェイはインターネットのＴＣＰ／ＩＰとは異なる技術仕様で動作しているネットワークと相互接続を行い、ファイアウォール・ルータは外部からの不正なアクセスや侵入を阻止するという役割を担っています。これらの機能や位置づけは、どのように考えればよいのでしょうか。

まずゲートウェイは、それがエンドのコンピュータとして振る舞って、ゲートウェイが収容している「インターネットの言語を話せないコンピュータ」への翻訳サービスを提供していると捉えられます。ネットワーク間をつなぐゲートウェイでは、そこで転送されないＩＰパケットが生じるわけではないので、透明性を持ったエンドのコンピュータと考えればよいでしょう。

他方でファイアウォール・ルータは、ユーザにとって危険と判断されたＩＰパケットを選択的に廃棄して、エンドのコンピュータには意図的に転送しない機能を持っています。いわば透明性を持たないルータと言えるでしょう。とはいえ、どのようなポリシーで、またどのようなアルゴリズムで転送しないＩＰパケットが決められるのか、それを利用するユーザは知っておくべきでしょう。詳しくは第４章で述べますが、インターネットのユーザが情報の送受信を自由に行うためには、「通信の秘匿性」が保証されることが重要であり、ファイアウォール・ルータの適用にあたっては、それをどこまで守る必要があるのかということを考慮しなければなりません（つまり、ファイアウォール・ルータによるサービスを提供する事業者は、通信の中身を知ることになっても、その内容を秘匿しなければならない）。

また、サイバー攻撃に対して、ユーザのコンピュータが耐性をどこまで高めるべきか、総合的な観点からの決定が必要となります。完全な透明性を前提にするならば、ファイアウォール・ルータを利用しないこともあり得ます。とはいえ、ユーザのコンピュータのセキュリティ機能の負荷を軽減させるならば、やはりファイアウォール・ルータを用いることになります。この場合、ユーザのコンピュータにとっては、セキュリティ機能とともに透明性の機能も委譲していると解釈するのが合理的であり、そう考えることで、より健全で安全性の高いシステムの実現につながると思われます。

透明性がマルチカルチャーを実現した

インターネットとは、「ネットワークのネットワーク」です。それぞれの個人や組織によって自律的かつ分散的に構築されるネットワークが、ルータを通じて相互接続されることで、ほぼ無際限に拡大す

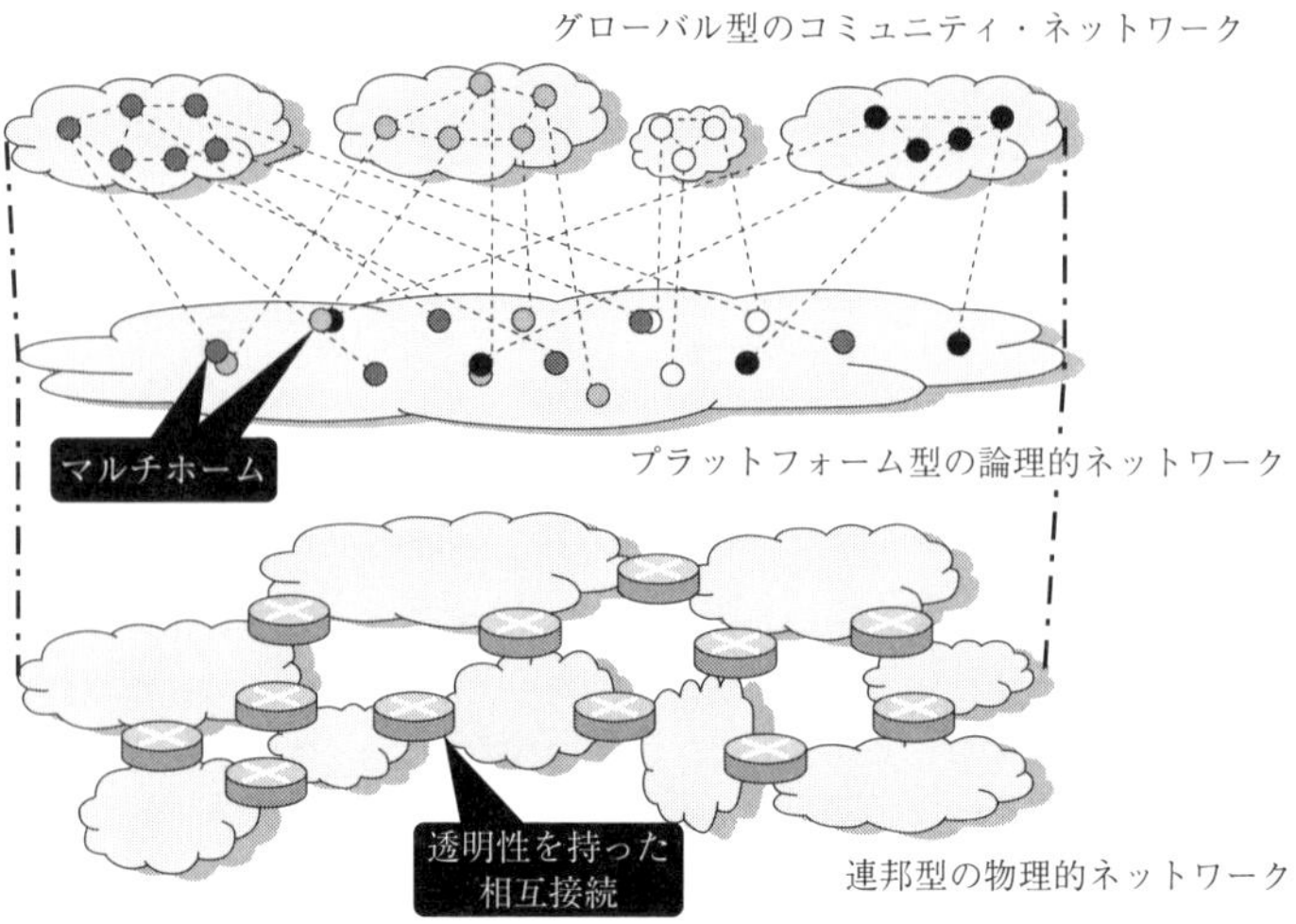

図 1-2　三つの型のネットワーク

ることができます。そして今日に至るまで、グローバルな規模でネットワークが構成されてきました。同時に、シンプルで透明性を持った、エンド・ツー・エンドに基づいたシステムであったので、地球上にはユーザたちによる多くのグループが自由に形成されていきました。それはしだいに大きくなってコミュニティとなり、そこから多様なカルチャーが創造されることになりました。

図１－２で示すように、まず地理的な境界を持つ「連邦型の物理的ネットワーク」が生まれますが、透明性を持った相互接続が行われることで、地理的な制限を持たない「プラットフォーム型の論理的ネットワーク」が形成されます。そして、その上に「グローバル型のコミュニティ・ネットワーク」が自由に構成されるのです。プラットフォーム上のユーザのコンピュータは、複数のコミュニティ・ネットワークに同時に参加（マルチホーム、Multi-Home）することができます。

8——暗号化は何のためにある？

活動の制約を受けない

インターネットにおける暗号化とは、情報の送信者が想定している相手の他には、その内容を読めないようにする技術のことです。暗号化する場合には、第三者から内容を守るうえで高度な数学が用いられるので、たくさんの計算を行わなければなりません。つまり、中央処理装置（ＣＰＵ）[13]のパワーを消費することになります。また、暗号化を行わない通常に比べて余計な操作も必要です。したがって、暗号化は面倒で仕事の効率を下げてしまう、だからできればやりたくないものでしょう。けれども他方で、会社の情報セキュリティ部門が厳しくて暗号化を行わないと罰せられる、だからやらざるを得ない――そのようなジレンマにある場合が少なくないようです。

こうした暗号化の捉え方は、「我慢・非効率・意欲の減退」とつながってしまいます。しかし、ネガティブな方向ではなく、「のびのび・効率化・意欲の増進」といった前向きな気持ちになるように暗号

13　中央処理装置（ＣＰＵ）…Central Processing Unit. コンピュータのなかで、中心的な計算処理を行うための膨大な数の電子回路が搭載された最も重要な部品。

化を実践できないでしょうか。たとえば、暗号化によって、他人から通信やファイルの中身が読まれないとどういう嬉しいことがあるのでしょう。一つの答えは、通信の宛先を間違えたり、電子ファイルを紛失したりというインシデント（事件）が発生したときにも、他人から情報を読まれないことが保証されているので、ユーザは心配が減って安心して仕事ができるというものです。

暗号化が行われていない場合、外部と通信するときや、電子ファイルを事業所の外に持ち出すときに、インシデントを避けるための制約を受けるので結果的に活動が萎縮してしまいます。けれども、暗号化を行うならば、活動を妨げる要因が取り除かれて仕事に専念できるようになり、より高い生産効率が得られるかもしれません。また事業所の外で、通常とは異なる作業を行っても問題が発生しないので、それがよい結果になるとすれば、業務の改善やイノベーションの創出につながるかもしれません。想定外の作業から、新たな活動の局面が生まれる可能性があるわけです。

通信の秘匿性を守る

別の観点から言えば、暗号化の利点として「通信の秘匿性」を守ることが挙げられます。通信の秘匿性は告発の機会を担保するもので、民主主義に基づいた健全なるガバナンスの維持にとって重要なものです。また、憲法で保証されている「言論の自由」のための構成要素でもあります。

暗号化されたコンテンツは、送信者が想定していない人に読まれることを許しません。エンド・ツー・エンドの考え方に整合させるという意味でも、エンドのユーザ間で解読されなければなりません。もちろん暗号化には膨大な計算と面倒な操作が必要なので、それを他人の機器に委譲することは個人の判断に任されます。しかしながら、基本原則はエンドのユーザ間で、自律的に暗号化を行うのがよいと考えられます。

9――インターネットの未来はどうなるのか?

地球で唯一の「インターネット」

二〇世紀のインターネットは、地球上に存在する世界中の人をつないで、自由なコミュニケーション環境を提供することを目的としていました。この方向性を表す言葉として、IP for Everyone があります。「IP(Internet Protocol)はすべての人のために」です。先進国におけるインターネットの普及率は非常に高くなりましたが、新興国や発展途上国においてはまだ低い状況の場合があります。したがって、このIP for Everyone は現在でも目的として継続されていると言えます。

これに並行して、二一世紀のインターネットの方向性として、IP for Everything あるいは Internet of Things(IoT)が広く意識されることになりました(図1-3)。人のためのインターネットから、モノのためのインターネットへという展開です。これはインターネットがサイバー空間を飛び出し、実空間に存在するモノと接続して相互に作用し、さらに融合されるというものです。すべてのモノを接続することによって、人への貢献をめざすのは言うまでもありません。

図 1-3　IP for Everyone から，IP for Everything あるいは IoT へ

また、人への貢献から、地球への貢献という考え方も生まれています。「スマート（＝快適・高機能・高効率である様子）」を実現して、人類の繁栄を持続可能にしようというものです。それを表した言葉が、スマートホーム、スマートビル、スマートシティ、そしてスマートプラネットなどです。人類が利用できる資源は限られているので、それを有効に活用するスマートなエコシステムを創出しなければなりません。ローカルからグローバルまでのレベルで、これらを自律分散的に展開することが、「二一世紀の命題」[14]と言えるでしょう。そしてこの実現には、

IP for Everything あるいは Internet of Things（IoT）が不可欠となります。

二一世紀のインターネットは、これまで独立して運用されていた個別のネットワークを相互に接続し、それらを統合化した「ネットワークのネットワーク」となります。すなわち、地球で唯一の「インターネット」となるわけです。そこでは、従来はインターネットとの接続を前提にしていなかったような社会・産業インフラが新たに加わることになります。別の言い方をすれば、これらの社会・産業インフラは、今後はインターネットに接続されることを前提として設計されなければならないということです。それは必然的にセキュリティも組み入れたシステムの設計になるでしょう。

インターネットのシステムとコンテンツのゆくえ

これまでのインターネットでは、二つの型のシステムがそれぞれ進化を遂げつつ、交互に覇権を握ってきました。サービスの提供を行う事業者とそのサービスを利用するユーザからシステムが構成される「クライアント・サーバ（CS: Client-Server）型」、そしてユーザ自身がサービスの提供者であり利用者である「ピア・ツー・ピア（P2P: Peer-to-Peer）型」です。

詳細は第3章で述べますが、現在は高性能のモバイル端末と、サーバが集合しているデータセンターで構成されるクライアント・サーバ型のシステムとなっています。しかし、ＩｏＴが進展するためには、

14　二一世紀の命題…次を参照。ジャレド・ダイアモンド『文明崩壊――滅亡と存続の命運を分けるもの　上・下』（Collapse: How Societies Choose to Fail or Succeed）、草思社、二〇〇五年。

自動車のように高速で動き回るモノをできるだけ時間の遅延がないように管理制御しなければならないなどの理由から、再びピア・ツー・ピア型のシステムになると考えられます。その際、現在のデータセンターを核にしたクライアント・サーバ型のインフラとサービスが消失するわけではなく、それを利用しながらピア・ツー・ピア型のシステムが動作することになるでしょう。

さらに第2章で取り上げるように、膨大な情報量を持つ「リッチコンテンツ」と呼ばれる高精細のものに代わって、コンピュータグラフィックス技術を最大限に利用した、「オブジェクト・オリエンテッド（指向）のコンテンツ」が登場しています。すでに、その動きは映画やゲームの産業において発生しています。

これからは、情報を配信するシステムと情報そのものであるコンテンツの二つの局面で、さらなるデジタル化が進展するでしょう。従来とは異なる次元のコンテンツビジネスが生まれ、それは新しい利用法のプラットフォームの上で展開していくにちがいありません。

10——インターネットとインターネット・アーキテクチャの違いって何?

最後に、スイッチやルータなどで形成される物理的ネットワークである「インターネット」と、インターネットのシステムが持っている論理的な構造を意味する「インターネット・アーキテクチャ」とを区別して整理しましょう。それによって、本書で取り上げるインターネット・バイ・デザインという考え方にも触れたいと思います。

インターネット

「インターネット」とは、TCP／IPという技術仕様による通信機能を持ったコンピュータが、デジタル回線を用いて相互に接続されたコンピュータネットワークのことです。それは、IPパケットの転送サービスをするルータだけでなく、さまざまな機能を提供するユーザ（＝エンド）のコンピュータを含んで構成されています。さらには、エンド・ツー・エンドの考え方にしたがって、多数のユーザのコンピュータが自律的なネットワークを作り、それらが透明性のうえに相互接続されており、それによってグローバルで唯一のネットワークが形成されています。この「グローバルで唯一のネットワーク」としてのインターネットという意味で、英語ではThe Internetと書きます。Theという定冠詞を使い、かつInternetには大文字のIを使います。

インターネットは「ネットワークのネットワーク」なので、「連邦型」のネットワークと思われるかもしれませんが、実際はそこに収まりきれない面があります。たとえば、国家や企業による自律的なネットワーク（＝連邦型）であるならば、これらの境界を超えてネットワークを形成するのが難しいことが想像できるのではないでしょうか。国家や企業の一員であるユーザのコンピュータが、それ以外の任意のユーザのコンピュータとネットワークを構成すれば、たちまち情報漏洩や外部からの攻撃の危険に曝されます。そこで自己防衛のためには外部のネットワークとの接続を管理しなければならず、いずれは境界をまたがるネットワークの存在を否定するようになるでしょう。そして、それを避けるためには、さまざまな境界を越えて共有される「プラットフォーム型」のネットワークにならざるを得ません。

このように、グローバルで唯一のネットワークである The Internet が、エンド・ツー・エンドの考え方に基づくかぎり、国家や企業の境界を意識しない、自由で透明性を持ったシステムを構築する努力を行うはずです。そういう環境でこそ、継続的なイノベーションを実現できるとも言えます。

インターネット・アーキテクチャ

では、「インターネット・アーキテクチャ」とはどのようなものでしょうか。それは The Internet の本質的な特徴に基づいて、その設計から構築そして運用までが行われるシステムのフレームワークを意味しています。ここでいう本質的な特徴とは、本章1節で列挙した「インターネットが維持すべき特徴」と一致します（以下に再掲）。

（1）グローバル（Global）
（2）透明性（Transparent）
（3）多様なカルチャー（Multi-Culture）
（4）自由と匿名性（Liberty and Anonymity）
（5）公平ではなく公正（Fairness. not equity）
（6）コモンズ（Commons）
（7）機会の提供（Opportunity）

このように考えると、これからの The Internet を発展させるとともに、それと結びついて出現する社会・産業インフラを構築するうえで、少なくとも何が必要なのかということが見えてきます。言い方を変えれば、「実空間に設置されたシステム」と「サイバー空間から管理制御するシステム」を相互につないで持続的に進化させるインフラをどう作るかという問いのヒントになるのです。そして、これこそがインターネット・バイ・デザインという本書の主題に関わるわけです。

かりに The Internet と結びついた社会・産業インフラを「都市・企業」として、さまざまな器官を持つ「ヒト」と比べて考えてみましょう（図1‐4）。ヒトは頭脳（脳＋頭蓋骨）、神経、各器官から構成されています。インターネット・バイ・デザインの考え方にしたがって、The Internet と融合した都市・企業のインフラは、サーバ＋データセンター、インターネット、各機器から構成されます。ヒトの頭脳は一つですが、ここでいう都市・企業は複数のデータセンターから成り立っており、それぞれが自律的で分散され、そして協調した動作をするものです。ちょうどたくさんのヒトが協調した活動を行って、社会や企業を形づくるのに似ています。私たちはインターネット（＝神経）を用いて、構造体（＝骨）とセンサー（＝感覚器官）とアクチュエータ（＝筋肉）の管理制御を行うことになります。いわゆる Internet of Things（IoT）、あるいは IP for Everything の実現です。

インターネット・バイ・デザインに基づけば、社会・産業インフラのインターネット（＝神経）は、その領域に閉じたものではなく、すべての社会・産業の領域の神経系を相互接続したネットワークになることをめざすでしょう。これはオープンデータの考え方にも一致します。あらゆるデータをオープン

ヒ　ト	都市・企業
頭脳（脳＋頭蓋骨）	サーバ＋データセンター
脳	サーバ（クラウド）
頭蓋骨	データセンター
神経	インターネット
各器官	各機器
骨	構造体
感覚器官	センサー
筋肉	アクチュエータ

図1-4 「ヒト」と「都市・企業」の比較

にして共有することで、異なる社会・産業の領域にまたがって「グローバル」なネットワークを構築していくわけです。

そこでは、The Internet の本質的な特徴の一つである「透明性」が実現されなければなりません。さらには、The Internet や社会・産業インフラは、環境の変化に柔軟に対応する能力を発揮するための「自由と匿名性」や「機会の提供」などの特徴も持ったシステムであるべきでしょう。これらをふまえて第5章では、社会・産業インフラにインターネット・アーキテクチャのフレームワークを適用した具体例を紹介します。

ちなみに付け加えるならば、今日の The Internet では、IoT あるいは IP for Everything が急速に進行するとともに、データセンターに収容されているサーバが高度化し、人間の知能以上の能力を持ったデータ処理が実現しつつあります。実際、多数のサーバで構成されるシステムが処理できるデータの量だけで言えば、すでに人間の能力を超えています。さらに、膨大な量のデータを取り扱う「ビッグデータ処理」、それによって膨大なデータからの知見を抽出して、未知のアルゴリズムを自動的に生成する「ディープラーニング（深層学習）」などが登場し、人間の脳の仕組みを模倣してきた人工知能が、これまで人間の脳にはできてコンピュータにはできなかった領域にも深く踏み出そうとしています。

これらはいずれも社会に大きな影響を与えるものであるので、運用にあたっては慎重に検討しなければならない事柄です。とはいえ、これらに関する議論で重要なことは、人間が中心にいるという点です。あくまでコンピュータネットワークや人工物は人間の能力をエンパワーして、人間の活動を支えるものでなければならないわけです。「アシモフのロボット三原則[16]」という取り決めがありますが、それに象徴されるような考え方を堅持して、The Internet に関わるシステムの実装が求められると思われます。

15 オープンデータの考え方…データが著作権や特許権などの知的財産権の制約や制限なしに、すべての個人や組織による利用を可能にすることで、さまざまな発見や創造を促進するという考え方。政府や自治体が持つデータだけではなく、個人や企業のデータもオープンデータの対象になり得る。

16 ロボット三原則…SF作家アイザック・アシモフの小説において、ロボットが従うべきとして示された原則。（第一条）ロボットは人間に危害を加えてはならない。（第二条）ロボットは人間に与えられた命令に服従しなければならない。（第三条）ロボットは第一条および第二条に反するおそれのない限り、自己を守らなければならない。

第2章——デジタル技術の本質を理解する

1――デジタル化の意味

広義の「デジタル化」

「デジタル化」とは、どのようなことを意味するのでしょうか。一般的には画像、文字、音楽、果てはお金に至るまで、さまざまな情報をコンピュータで処理できる数値の信号にして保存・伝送することを指します。別の言い方をすれば、「情報を離散的な（とびとびの値しかない）量として表現する方法」となるでしょう（ちなみに、デジタル化と対比される「アナログ化」は、「情報を連続した量として表現する方法」です）。

とはいえ、本書ではデジタル化をもっと広義に捉えてみます。「情報を抽象化し、オブジェクトとして定義し、相互に共有する方法」という見方です。言い換えると、情報における本質的な要素を取り出し、操作対象として表示や解釈の仕方を設定し、送り手と受け手で共通して了解する方法ということです。

この立場では、物理的に存在しない多様なものが対象になります。たとえば、「言語」という体系までも含まれます。フランス語を用いて対話する場合を考えてみましょう。それが成り立つためには、二人の間でフランス語の単語や文法、さらに発音が同一に定義され、互いに共有されていなければなりません。そういうことがデジタル化にあたるわけです。
こうした意味では、現在に至るまで人類は次のようなデジタル化の革命を経験してきました。

（1）言語の発明
（2）文字の発明
（3）デジタルサンプリング[1]（標本化の定理）の発明
（4）デジタル伝送の発明

言語の発明というのが、最初に人類が行ったデジタル化と言えます。モノだけでなく感情や行動なども含めて、ある対象を示す識別子（＝名前）が共通に決められ、これらの状況や関係を伝えるための表現の規則が人々の間に広まりました。それ以前は区別できなかった対象が誰にでも明確になったのです。

続いて文字が作られました。それまで聴覚で受け取られていた言語が、視覚でも認識できるように二次元の記号で表現されたのです。これによって、音声では消えてしまった言語が何らかの媒体に記録できるようになりました。このデジタル化のおかげで、ある対象が時間や場所を超えて共有できるように

1 デジタルサンプリング（標本化の定理）…サンプリング定理とも呼ばれる。アナログ信号をデジタル信号に変換するときに、どの程度の間隔でサンプリング（標本化）すれば、デジタル化された信号から正確にアナログ信号を再生することができるかを数量的に示した定理。アナログ信号が持つ一番大きな周波数の二倍の速度でデジタル化すれば、もとのアナログ信号を正確に再生することができる。

なりました。

言語と文字の後には、デジタルサンプリングが発明されました。音声や記号に関するアナログ信号をデジタル信号によって記録し、正確にかつ品質の劣化なしに再生できるようになりました。情報を抽象化するという広義のデジタル化がいっそう推し進められたと言えます。

そして現在、デジタル伝送が発明されると、多様な通信媒体でデジタル信号を遠くまで届けられるようになりました。その場でデジタル信号を記録・再生するだけでなく、あらゆる場所に瞬時に転送することを可能にしたのです。さらに多くの人々に共有されるという状態が生まれたわけです。

こうした広義におけるデジタル化を考えるうえで、最後に挙げたデジタル伝送に着目してみましょう。そのために、以下でアナログ伝送とデジタル伝送のあり方をいくつか比較します。

言語を伝送する

図2-1に「言語のアナログ伝送」の様子を示しました。この場合、「脳神経の興奮状態（＝意思・思考など）」が「言語（＝伝えたい情報）」に写像（アナログ→デジタル）されます。さらにそれが「音声」に写像（デジタル→アナログ）されたと考えられます。

とはいえ、そもそも脳神経の興奮状態（＝意思・思考など）というのは、そのままでは複数の人々で共有ができません。それが抽象化された言語の発明によって、はじめて共通に参照できるようになります。ここで重要なことの一つは、人々の間で言語の定義が十分に共有されているという点です。そうでなければ、コミュニケーションが成立しません。たとえば日本語とフランス語といった単語や文法の定義が

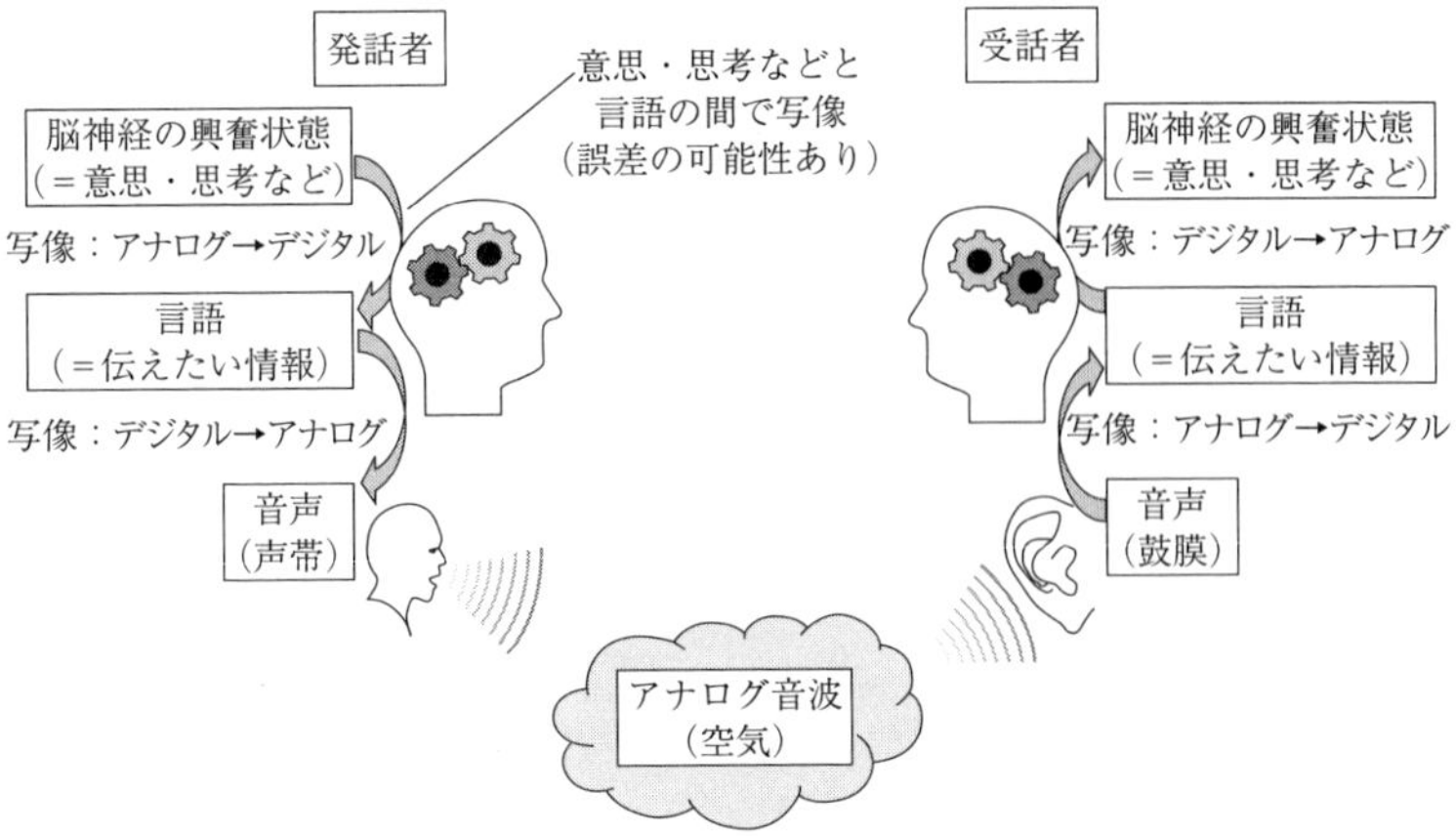

デジタル情報（言語）をアナログ情報（音声）に写像,
それをアナログ伝達媒体（空気）で伝送

図 2-1　言語のアナログ伝送

異なる言語を用いて、互いに話をするようなものです。二つには、脳神経の興奮状態が言語に的確に写像されることです。同じ言語でも写像の過程が異なれば誤解が生じます。たとえば、女性が「今夜は楽しかったわ」と言って（本当は楽しくなくても）社交辞令を述べたつもりが、男性は言葉どおり「楽しかった」と解釈するなどのケースです。

ところで、デジタル化された情報（＝デジタル情報）には、三つの特性があると考えられます。すなわち、「誤りのない伝達・保存・複製」「自律的な誤りの訂正」「媒体への非依存性」です。図２－１では、これらは次のように説明できます。

（1）誤りのない伝達・保存・複製

デジタル情報である言語は伝達・保存・複製を繰り返し行っても、その品質が低下することはない。それに対して音声はアナログ化された情報であって、伝達や複製によりS／N比（信号Signal と雑音 Noise における強度の比率）が劣化してしまう。アナログの音声はデジタル情報である言語を伝達する媒体と捉えることができるので、言語そのものにはS／N比の劣化はなく、伝達・保存・複製を何度も行うことができる。

（2）自律的な誤りの訂正

アナログの音声の品質が良好でない場合でも、人は伝送された音声からデジタル情報である言語を自動的に抽出して認識する。聞き取りにくい言葉であっても、自身の言語辞書をもとにして言語を自律的に再現するわけである。デジタル情報である言語がアナログの音声という媒体によって通信されるとき、S／N比の劣化などでアナログの媒体に誤りが発生しても、これを言語が訂正し再利用できる。

（3）媒体への非依存性

デジタル情報である言語は、その媒体である音声の音の高さ、スピードなどに依存せずに伝達される（つまり、話者を選ばない）。場合によっては、スピーカーとマイクを用いることができる。さらに文字の発明によって、壁面、紙、磁気記憶装置など、どのような媒体でも伝達することが可能になった。このようにデジタル情報は伝達・保存・複製を行うにあたって媒体に非依存である。ただ、その媒体の品質が「自律的な誤りの訂正」の能力以上に不良である場合には、伝達・保存・複製が不可能になる。これは静かな講義では教師の言葉を認識できるが、雑音レベルが非常に高いパーティでは相手の言葉を聞き取れないという事例に等しい。[2]

歌詞と楽譜を歌声にのせて伝送する

図２－２から図２－５では、歌詞と楽譜の伝送方式の変遷を示しました。まずデジタル情報（＝歌詞＋楽譜）を伝送するために、アナログ情報（＝歌声）を媒体とするケースを見ていきましょう。図２－２に示すように、ここでは歌手によって「歌詞＋楽譜」が「歌声」に変換（デジタル→アナログ）されると同時に、声帯を用いて「アナログ音波」となって発せられ、それが空気に伝播して聴き手の耳の鼓膜に振動となって届くとします。この最後の過程で、聴き手は「歌声」から「歌詞＋楽譜」を再生（アナログ→デジタル）することが可能となります。

このように考えると、デジタル情報である歌詞と楽譜が、アナログ情報の歌声という媒体を用いて、歌手から聴き手に伝達されることになります。通信路を構成する伝送媒体は声帯、空気、鼓膜です。ただ、これら伝送媒体の状態が不良である場合、あるいは空気を伝播する距離が長い場合には、通信路のS／N比が劣化し、聴き手に到達するアナログ情報の品質は低下します。とはいえ、最終的に脳神経に到達する情報は、歌声から歌詞＋楽譜への過程で「自律的な誤りの訂正」を行うことができます。

しかし、空気を伝送媒体とすると、距離が長くなるほどS／N比が極端に劣化してしまい、歌詞と楽

2　言葉を聞き取れない…言葉が雑音により聞き取れない場合には、次の手法が適用されるだろう。（1）雑音強度を下げる（周りを静かにさせるなど）、（2）耳の指向性を上げる（手を使って集音効率を向上させるなど）、（3）信号強度を上げる（大きな声にする、あるいは話者が近づくなど）、（4）別の媒体を用いる（メモを使うなど）。

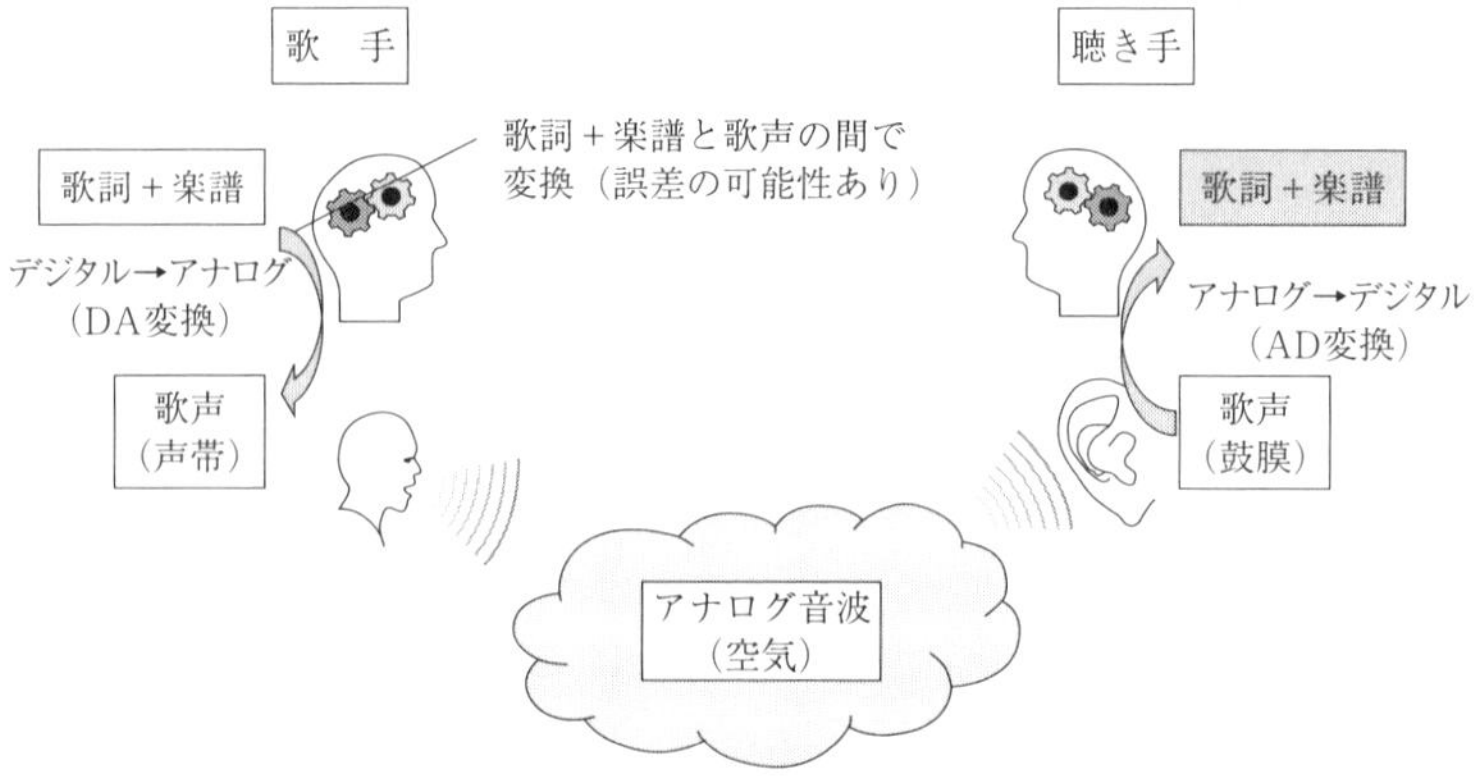

アナログ情報（歌声）をアナログ伝達媒体（空気）で伝送（アナログ情報の品質が劣化）

図 2-2　歌詞＋楽譜の「アナログ音波」を用いたアナログ伝送

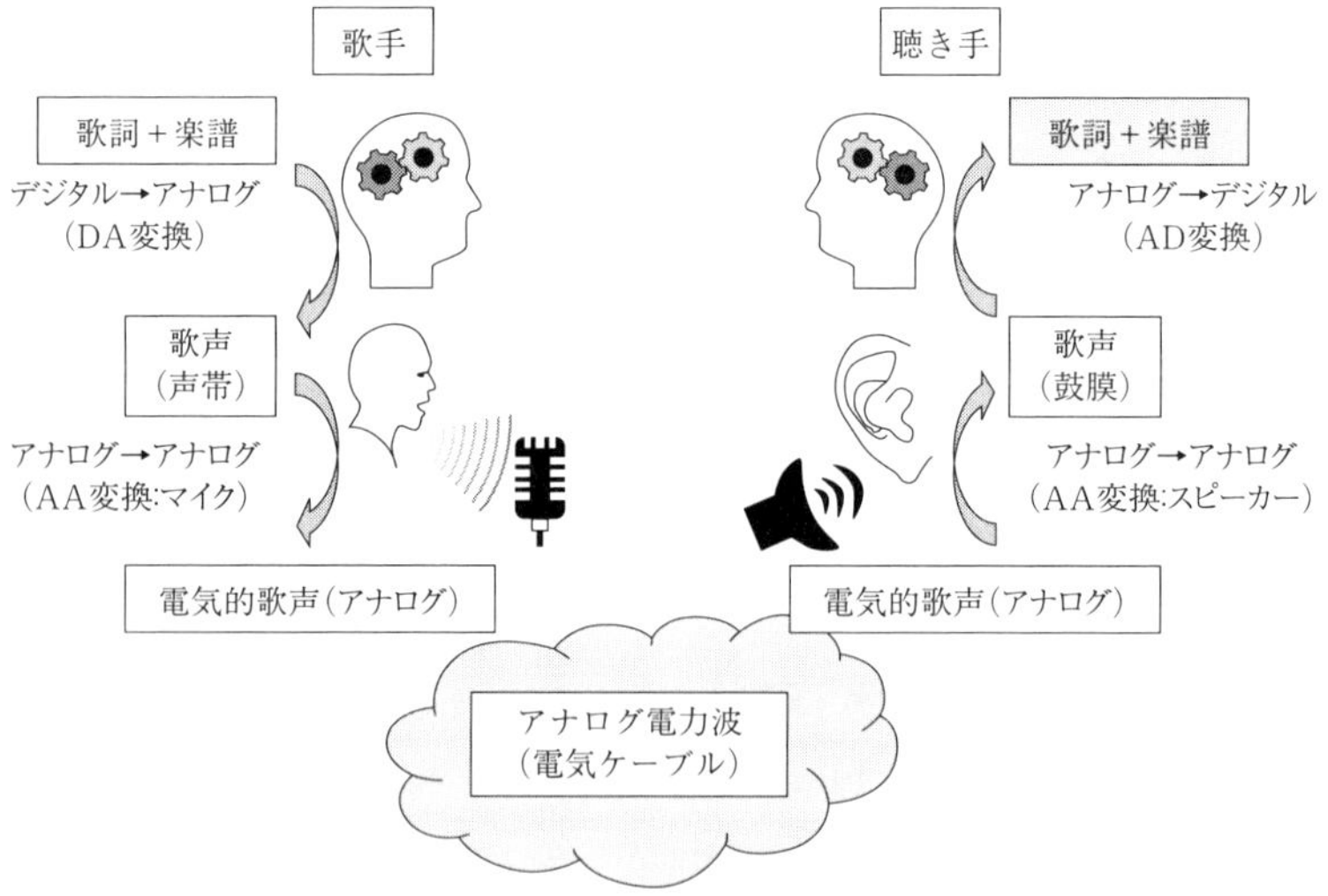

アナログ情報（歌声）をアナログ伝送媒体（電気ケーブル）で伝送.
たとえば，アナログ放送（アナログ情報の品質が劣化）

図 2-3　歌詞＋楽譜の「アナログ電力波」を用いたアナログ伝送

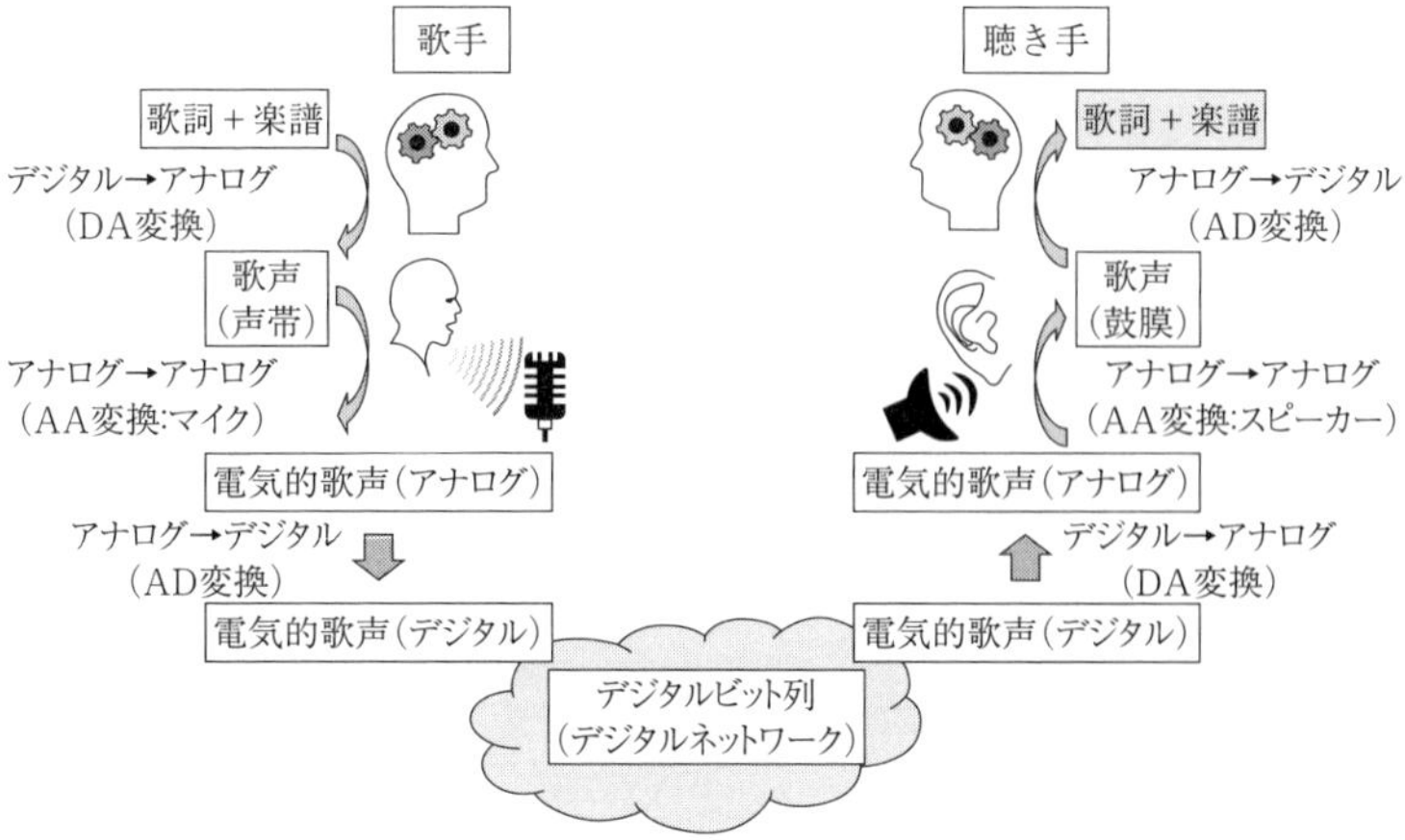

アナログ情報（歌声）をデジタル伝送媒体（デジタルネットワーク）で伝送.
たとえば，デジタル放送（デジタル情報の品質は劣化しない）

図 2-4　歌詞＋楽譜の「デジタルネットワーク」を用いたデジタル伝送

譜の再生が不可能となってしまいます。それを防ぐために、図２－３のようにアナログの「電気的歌声」を用いた伝送が発明されました。マイクとスピーカーを導入するという方法です。「歌声」というアナログ情報が「電気的歌声」に変換され（アナログ→アナログ）、「アナログ電力波」となって伝送されます。それは同時に伝送媒体が空気よりも機能の高い電気ケーブルに取り替えられたことを意味します。

図２－４は、電気的歌声による伝送をアナログからデジタルに取り替えた形態です。電気ケーブルを伝送媒体として用いると、アナログの電気的歌声に品質の低下が発生します。けれどもデジタルネットワークを伝送媒体に変えるならば、デジタルの電気的歌声を利用して、送信元と受信元でまったく同一の品質を伝達することが可能となります。つまり、デジタル伝送によって品質維持を行えるわけです。

最後に、図２－５でＭＩＤＩ（Music Instrument Digital Interface）を用いた歌詞と楽譜の伝送を示し

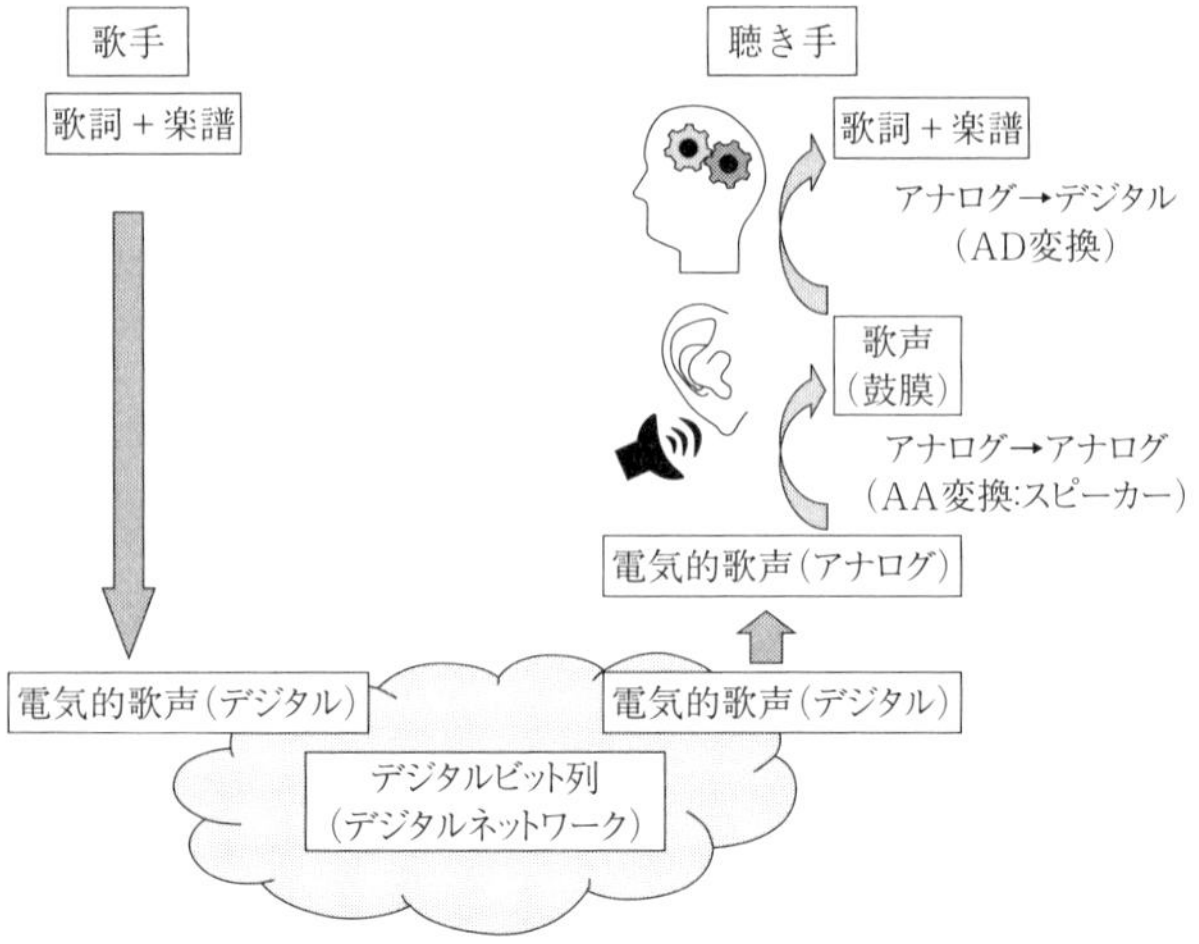

デジタル情報（歌詞＋楽譜）をデジタル伝送媒体（デジタルネットワーク）で伝送.
たとえば，MIDI（デジタル情報の品質は劣化しない）

図 2-5　MIDI における歌詞＋楽譜の「デジタルネットワーク」を用いたデジタル伝送

ました。歌手の側がデジタル情報である歌詞＋楽譜をアナログに変換するプロセスを行わず、デジタル情報を直接伝送し、聴き手の側でシンセサイザーなどを用いてアナログの音を生成する形態です。このなかで、アナログ伝送は聴き手での音の再生の部分のみとなります。

ちなみに、図２－５のシステムは携帯電話における「着メロ」に対応し、図２－４は「着うた」に相当します。図２－５のシステムでは、音楽の調子（トーン）や速度（テンポ）、あるいは楽器および歌手を自由に選択することが可能です。同様の技術としては、メロディと歌詞を入力することで指定された人物（実在する人物あるいはコンピュータ上で作られたキャラクター）の歌声を合成できるVOCALOID（二〇〇三年にヤマハ株式会社が製品化）が挙げられます。そしてクリプトン・フューチャー・メディア社が二〇〇七年にVOCALOIDを用いてリリースした「初音ミク」は、システム上で作られたキャラクターに自分の好きな歌詞と旋律で歌わせることができて多くのユーザを魅了しています。

デジタル伝送による驚異的なコストダウン

ここで、図2‐4のマイクとスピーカーを用いたデジタル伝送と図2‐5のMIDIによるデジタル伝送を取り上げて、情報が伝達するさいの効率を比較してみましょう。

まずMIDIによって〝ソ〟の高さの〝あ〟というデジタルの音が伝送されることを考えます。音の高さは八ビットで表現されるとします（たとえば、ピアノの鍵盤の数が二五六以下とした場合）。日本語は二バイト（＝一六ビット）で表すことができるので、MIDIでは、〝ソ〟の高さの〝あ〟という音は、二四ビット（＝八ビット＋一六ビット）になります。

それに対して、マイクとスピーカーを通した〝ソ〟の高さの〝あ〟というアナログの音がデジタル化された音を伝送するとどうでしょうか。デジタル携帯電話で音を伝送するために必要な帯域幅を四kbps（kilobits per second, キロビット毎秒）として計算してみます。〝あ〟という音の長さを〇・一秒だとすると、四kbps×〇・一秒＝四〇〇ビットで表現することができます（通常の有線の電話では、六四kbps×〇・一秒＝六四〇〇ビットとなります）。すなわち、MIDIを用いたシステムでは、アナログの音声をデジタル化して伝送するシステムの約六％のビット数で同一の情報を伝送できることが分かります。

同様に、携帯で電子メールと通話を利用する場合を比較してみると、電子メール（＝デジタルで表現された文字の伝送）が音声通話よりも非常に少ないビット数でありながら、同一の情報を伝達できることが

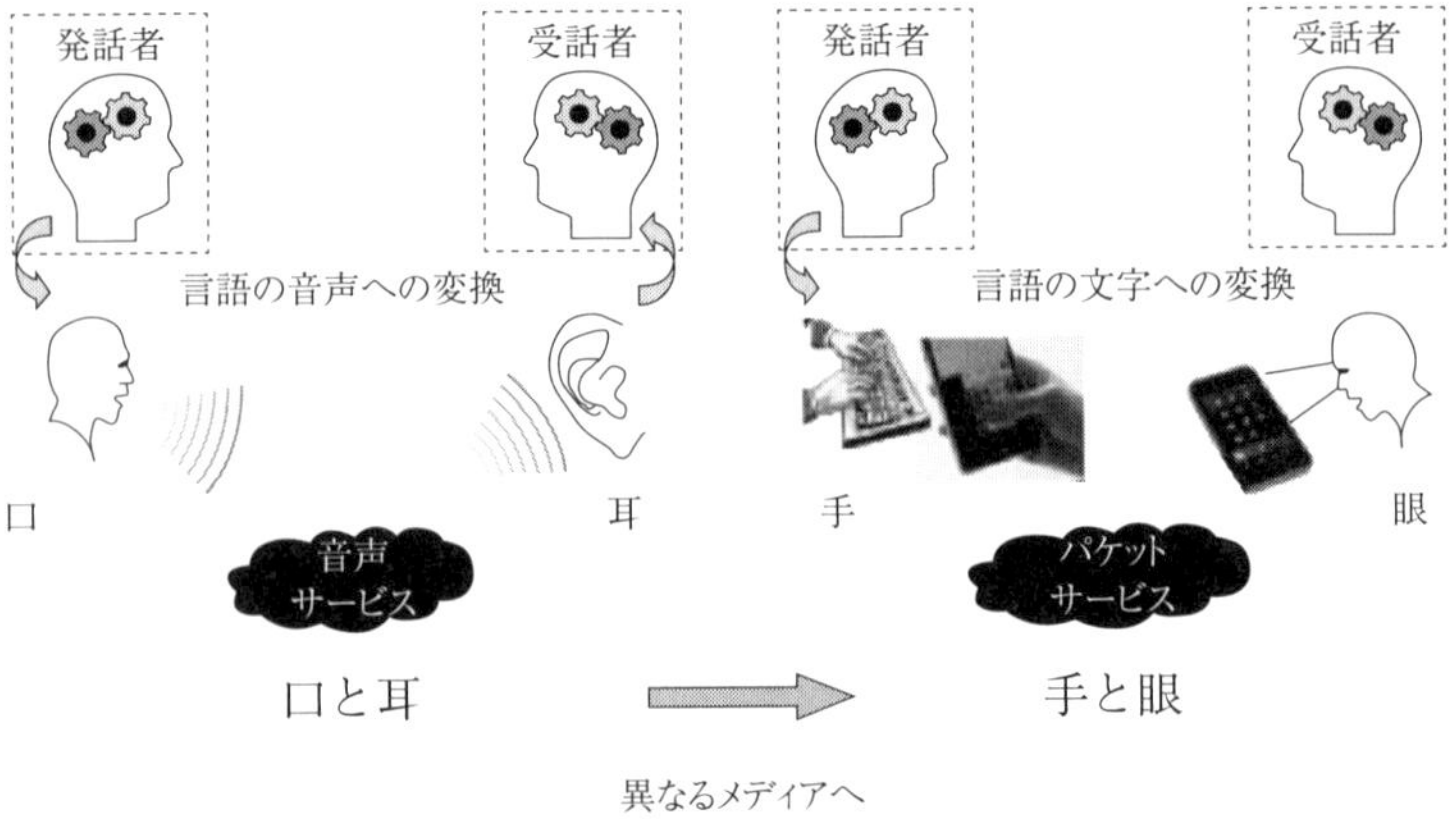

図 2-6　口と耳から手と眼へ

分かります。かりに「おはようございます。」を伝送する場合を考えてみましょう。日本語は二バイト（＝一六ビット）で一文字を表現しますので、「おはようございます。」の電子メールは一六ビット×一〇文字＝一六〇ビットになります。他方、「おはようございます。」と音声で話すと二秒かかるとします。音声通話が四ｋｂｐｓの帯域を使っているとすると、「おはようございます。」を伝送するために八ｋビット（＝八〇〇〇ビット）が必要となります。電子メールは音声と比べて約二％のビット数となります。

二〇〇四年にＮＴＴドコモがパケット通信方式（VoIP: Voice over IP）の定額料金制サービスである「パケ・ホーダイ」を開始すると、若い世代を中心に音声通話から電子メールやSMSに乗り換える人が急増したように思えます。これはユーザが伝えたいデジタル情報（＝言語）を音声というアナログ情報に変換するのではなく、文字を入力してデジタル情報をそのままに送っていると捉えることができます。手を使って文字を入力すると、口を使って音声にするよりも手間はかかるのですが、定額料金制なので好きなだけ利用できたのです。図2-6に示したように、言語を伝達するために口と耳の間で「音声」というアナログ情報を用いていたところ、手と眼の間で「文字」というデジタル情報を用いるようにしたと言えます。同じ言語の情報を異なるメディア（媒体）によって伝達していることが分かります。

2―インターネットにおけるパケット通信の仕組み

コンピュータの三つの接続方法

コンピュータを相互に接続する方法には、次の三つがあります。これらを組み合わせて、さまざまな情報システムが基本的に構成されることになります。

手法1　恒久的な線を準備する
手法2　必要なときに線を準備する
手法3　ネットワークでデータを小包にして送る

インターネットの場合は、手法1や手法2を用いてコンピュータ同士をつなぎ、手法3を用いてデジタル情報の小包であるIPパケットを目的のコンピュータに届けるサービスを行っています。一般的に、

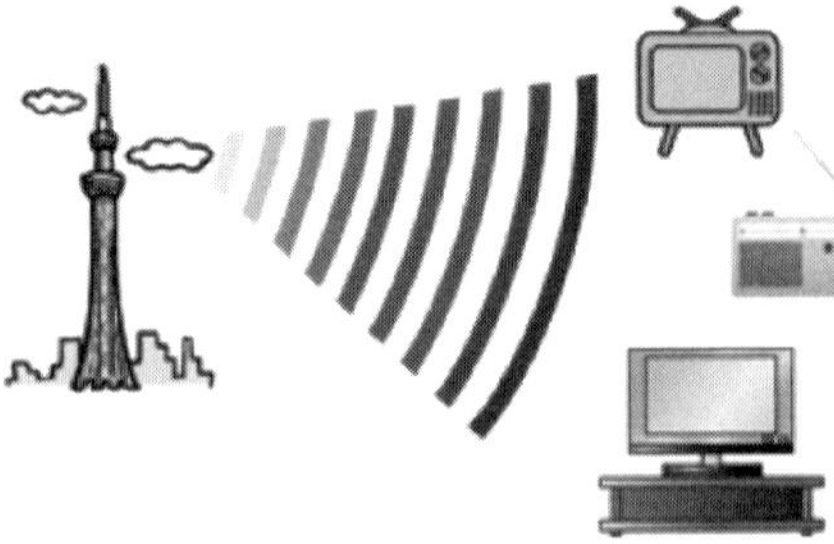

図 2-7　手法 1（放送）

手法3→2→1の順でシステムにある資源を利用する効率が低下します。しかし逆に、手法1→2→3の順でデータ伝送における誤りが発生する確率は増加していきます。

第1章で述べたように、インターネットには経路制御といって、ネットワークの状況に応じてIPパケットの最適な転送経路を見つける技術が用いられています。それによって手法3であるにもかかわらず、災害時などには手法1や2よりも誤りの発生する確率が低い場合があります。三つの手法について詳しく見ていきましょう。

恒久的な線を準備する——放送

手法1の典型的な大規模ネットワークには放送が挙げられます（図2-7）。放送では、データはすべての受信装置（＝テレビ）に伝送されて、そこで必要なデータがチャンネルによって選択されます。データは受け取る可能性のある受信装置すべてに送られますが、その受信あるいは廃棄に関しては受信装置の側が自律的に判断しています。ある意味で、SPAMメール（迷惑メール）と同様のシステムと言えるでしょう。SPAMメールは不特定多数のコンピュータに配信されますが、コンピュータの側が受信か拒否かの判断を決めています。

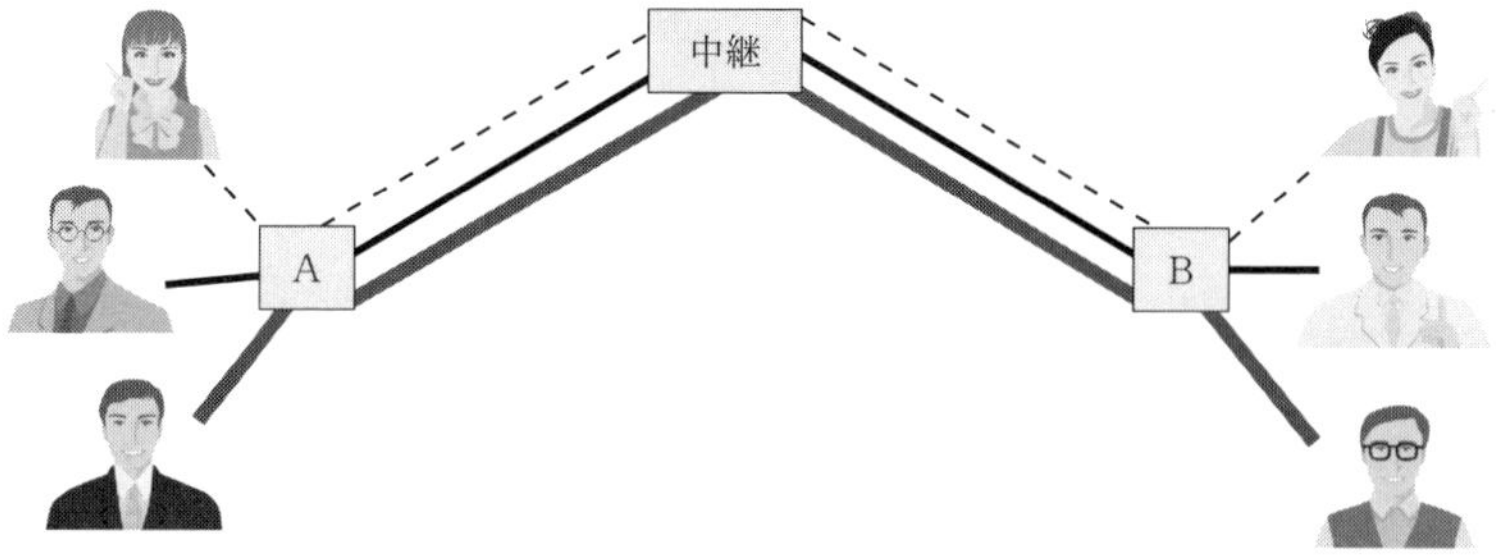

図 2-8　手法 2（電話＝回線交換）

必要なときに線を準備する——電話

手法2の大規模ネットワークとしては電話が挙げられます（図2-8）。これは回線交換と呼ばれます。電話網内では実際に通信する前に、シグナリングという一時的に専用利用できる線を確保するための手順が行われます。この「専用利用できる線」は、昔はまさに物理的な方法で交換手が専用の線をつなぎ替えることで実現しました。

その後、デジタル通信の導入によって時間スロット（一つのデジタル信号が占有する時間間隔のこと）を周期的に利用するという時分割多重方式（TDM: Time Division Multiplexing）が広がりました。さらに現在では、手法3のデータを小包にして送る方式（＝パケット通信方式）が用いられています。いずれの場合も専用の線が確立されると、電話機の間には透明性を持った（Transparent）、高品質な通信が提供されます。逆に専用の線が確保できなければ、まったく通信ができないわけです。

ネットワークでデータを小包にして送る——インターネット

手法3のパケット通信方式を適用した大規模ネットワークがインタ

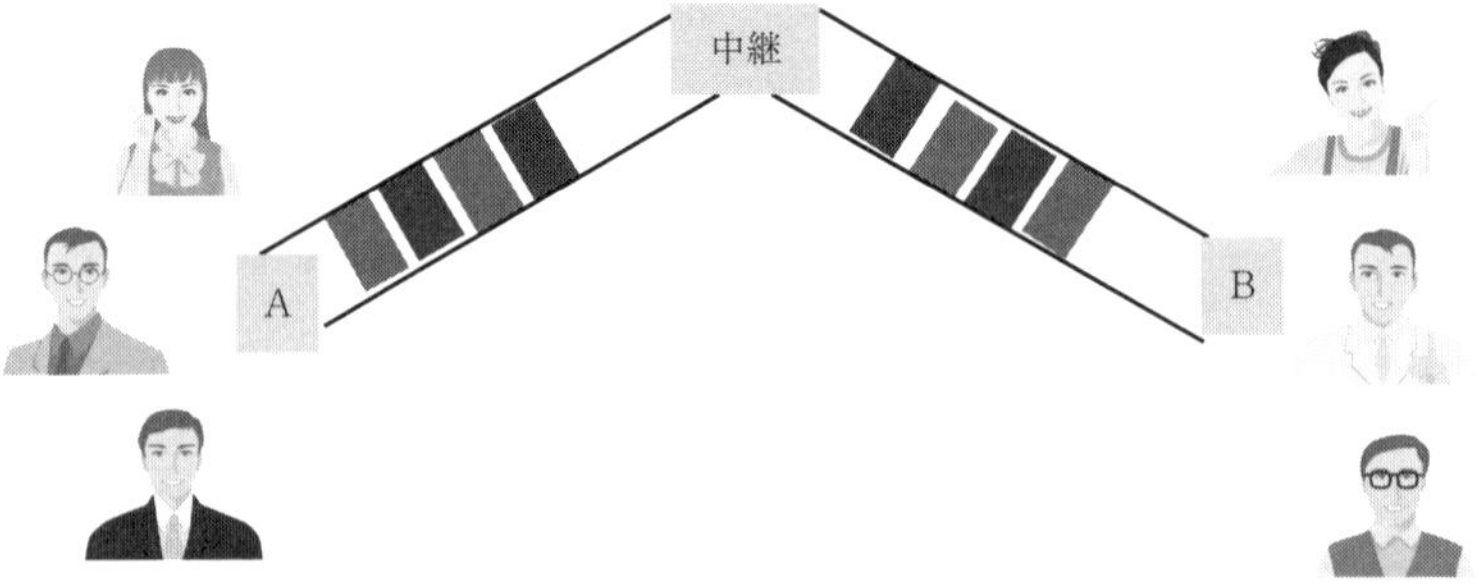

図2-9　手法3（インターネット）

ーネットです（図2-9）。インターネットでは、デジタルデータの小包（IPパケット）の送信先に到達できるかどうかという情報だけを頼りにして、IPパケットが配送されます。第1章で述べたように、ここでは最大限の努力（ベストエフォート）という方法が採れています。

これは手法1や手法2と比較して、データの伝送の品質が低くなると言われます。とはいえ、小包（IPパケット）がデジタル情報であることから、どのような媒体を用いるかには制限がない「媒体への非依存性」という特徴を持っているので、システムに障害が発生したときには、かえって他の手法よりも品質が高くなることが知られています。

システムの障害（コンピュータやルータの故障）に対して手法3が優れた耐性を持つのは、運命的資源共有（Fate Share, Single Point of Failure）の状態を避けるようにシステム設計が行われているからです。運命的資源共有とは資源が複数あるけれども、そのうちの一つが利用できなくなった場合に代替するものが存在せず、システムの運用が不可能となることを指します。手法1や2では通信の経路が固定されるので、その経路上の資源に障害が発生すると完全に不能となってしまいます。

他方で、手法3では最適な通信経路を選択するという機能が備わっており、その結果、経路上に障害が発生しても代替する経路が自律的に選択されて、通信そのものが継続されるのです。

3―デジタル化の恩恵

インターネットは砂時計の形をしている

デジタル化というのは、情報の抽象化と言えます。この具体的な意味を考えてみしょう。図2-10をご覧ください。この数字列は何でしょうか。「電子メールの文字」かもしれず、「画像ファイルのデータの一部分」あるいは「動画ファイルのデータの一部分」かもしれません。とはいえ、その答えは「たんなる数字の列」です。ここで大事なことは、いろいろな意味を持った情報が単なる数字に置き換えられるという点です。そしてこの数字の形式で表現されるものはすべて区別されず、同様に取り扱えるようになるのです。これがデジタル化という情報の抽象化になります。

他方で、一九三六年に「チャーチ・チューリングの提唱」[3]というものが定式化されました。これによ

3　チャーチ・チューリングの提唱…米国プリンストン大学のアロンゾ・チャーチとアラン・チューリングによって体系化された。

3894878473759763
387473847383763
7924875793378 39
393357387592339

図 2-10　数字の列

って、「人間が実行できるアルゴリズムは、チューリングマシン[4]で実行できる」と証されています。しかもここでいうチューリングマシンとは、コンピュータのプログラムで具現できます。したがって人間が実行できるアルゴリズムは、すべてデジタル化することができると言えます。[5]

　これら二つの観点から言えば、デジタル化によってすべての情報（＝コンテンツ）とアルゴリズム（＝方法）が表現されることになります。インターネットに即すならば、ＩＰパケットというデジタル情報の小包にあらゆるコンテンツを詰め込んで、あらゆる方法で利用することができるのです。さらにＩＰパケットの情報はデジタル化された情報なので、これをどのような媒体を用いて取り扱うかに関しては、まったく制限がありません。媒体への非依存性が担保されているのです。この特徴によって、媒体については選択肢の提供が行われるわけです。

　このようにインターネットでは、ＩＰパケットを用いるシステムを構成したことで、ＩＰパケットのなかに任意のコンテンツと方法を収納し、それを任意の媒体で取り扱えるようになったのです。この状態を端的に示したのが、インターネットの

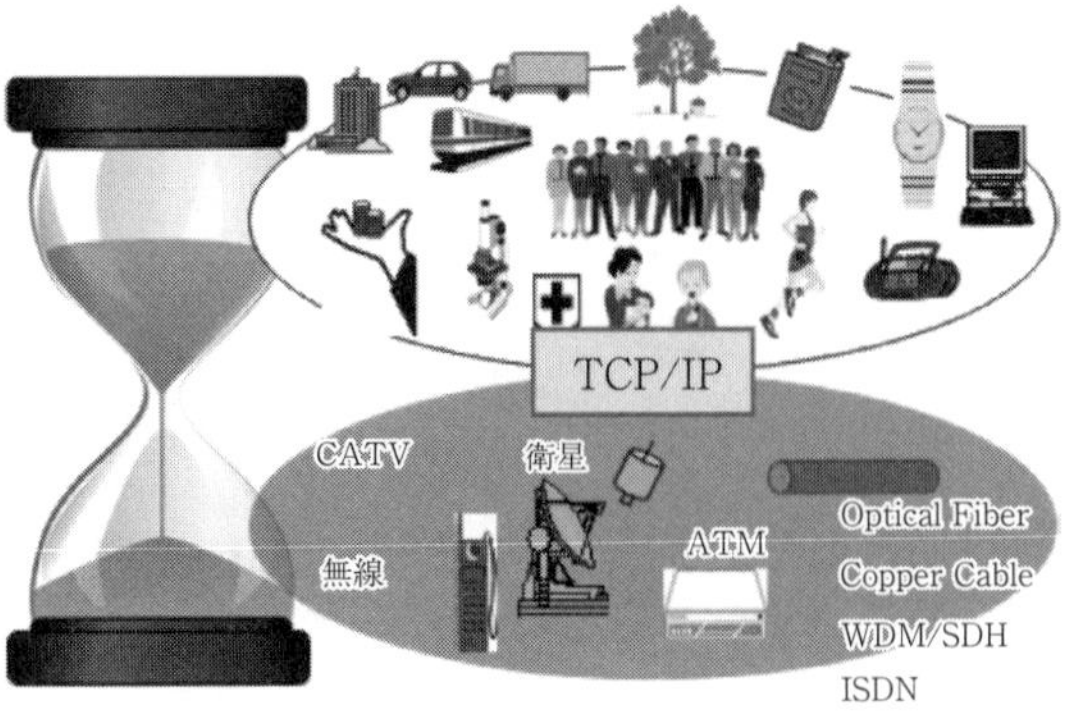

図2-11　インターネットの「砂時計モデル」

「砂時計モデル」（あるいは「ワイングラスモデル」）と呼ばれるものです（図2-11）。インターネットの構造は、スリムなウエスト部分を持った形状に例えられます。真ん中にある細い部分がＴＣＰ／ＩＰの技術にあたり、上部にあるアプリケーションサービス（＝コンテンツと方法）と、下部にあるデータ通信の媒体が相互に結び付けられることになります。上部のアプリケーションサービスは、共通のＴＣＰ／ＩＰを介して下部のデータ通信の媒体を利用できます。そしてデータ通信の媒体を利用することで、アプリケーションサービスではデータのやりとりや共有を相互に行えるのです。

この数字の列からなるＩＰパケットは、二〇世紀の産業において大革命であった、貨物輸送の「コンテナとパレット」と同じような特徴を持っています。コンテナのなかにはどんな貨物でも積むことができ、パレットがあればコンテナを移動させる

4　チューリングマシン…計算機を数学的にモデル化した仮想的な機械。無限に長いテープに書かれた記号を読み取りながら自動的に状態が遷移し続ける。

5　人間が実行できるアルゴリズムは［…］と言えます…高岡詠子『チューリングの計算理論入門』（講談社ブルーバックス、二〇一四年）を参照。

手段（鉄道、船、車など）を自由に選べます。これと似て、ＩＰパケットはどんな情報（＝貨物）でも取り扱い、媒体（＝手段）に非依存という性質を備えます。こうした特徴によって、ほとんどすべての情報を扱うことができる汎用の流通基盤を人類は獲得したのです。

バッファという倉庫の役割

数字の列からなるＩＰパケットは媒体に保存することができます。半導体に代表されるエレクトロニクス技術の発展にともない、その保存できるＩＰパケットの量（＝数字の列の量）は爆発的に増大しました。そのおかげで、インターネット上で隣のルータが忙しいときには、ＩＰパケットを一時的に保存して転送を待つことが可能となりました。

このようにＩＰパケットを保存することを「バッファリング」、保存する場所を「バッファ」と言います。このバッファがインターネット上に存在していることで、ＩＰパケットの流通に関して柔軟性が生まれました。しかもバッファの容量は、技術の発展とともに大きくなり続けています。バッファはいわば倉庫にあたりますが、それが大きいほど流通量の変動に対応できるようになります。

さらに、ＩＰパケットを保存する場所が生まれたことで、システム全体での同期（信号や処理のタイミングを合わせること）を行う必要性が劇的に薄まりました。どういうことかというと、二つのコンピュータの間に「台」（＝バッファ）があれば、あるコンピュータがＩＰパケットをいったん台に置いて、それを手渡されるべきコンピュータが好きな時間に受け取ることができるわけです。これによって通信線で相互に接続されたコンピュータは、それぞれの内部時計の速度を同じにする必要がなくなりました。バッファが存在せず、しかも相互に接続されたコンピュータの内部時計が異なる速度で動作している場合は、IPパケットを手渡そうとするとき、隣のコンピュータから手が差し出されず、IPパケットが落下（＝廃棄）してしまいます。

他方で、旧世代の回線交換の方式を適用した電話交換機システムには、バッファが存在していなかったので、すべての電話交換機の動作クロックが同期されていなければなりませんでした。すべての交換機が同じ速度で動作して、隣の交換機からデータが手渡されるときには受け取るための手が差し出されなければならなかったのです。そのため、かつて日本では東京と大阪に設置された参照時計に国内のすべての電話交換機を同期して稼働させていたのでした。この同期に必要な手間というのは、かなり大きなものでした。インターネットにおけるバッファの導入は、この手間を取り除くという点で貢献をしているのです。

ところで、商品を扱うような一般的な流通では、倉庫とその在庫がコストに関わってきます。最適化をはかるためには、倉庫（の容量）と在庫（の量）が超過しないようにする必要があります。たとえば、ICT技術を用いた流通では需要の状況をリアルタイムで把握し、今後の予測も行いながら供給量の調整を行っています。生産と流通の効率化を可能なかぎり行っているわけです。

かりに倉庫と在庫の機能がまったく存在しないシステムならば、需要側と供給側のところで完全に同じタイミングで商品を動かさないと流通が成り立ちません。在庫を持たなければ倉庫が必要なくなって、その分のコストは削減できるのですが、商品の注文や製造資材の調達という面では上手く対応できません。したがって、外部環境の変化に適応する能力は一般的には低下してしまいます。それに対して、倉庫と在庫の機能が存在するシステムでは、倉庫が大きいほどコストは増えますが、供給量と需要量の不一致を避けることができます。供給側は自分のペースで生産して、需要側はより自由に消費するという経済活動が行われるわけです。

第1章4節で述べたように、インターネットの要素には、状況の変化に柔軟に対応するために「最適化を行わない」ことが欠かせませんでした。商品の流通システムでも、この「最適化を行わない」(=倉庫の容量と在庫の量を最小限にしない)という形態にすることで、外部環境が変化するなかで生き残る可能性を高めると言えます。

石油・ガスの流通システム

インターネットはグローバルに広がる自律分散システムなので、その大規模化における適応性を確保するためには、情報の受け渡しをできるかぎりスムーズに行わなければなりません。そのような面でも、バッファの導入によってコンピュータ間の同期が必要なくなったことは大きな意味を持っています。このバッファの役割について、エネルギーの流通システムの場合を考えてみましょう。

まず石油・ガスを取り上げます。一般的に石油・ガスは産出元からパイプラインで輸送されますが、消費者まで直接に届けられることはなく、タンクに一時的に保存されます。産出元から消費者までの輸送経路には、石油・ガスを保存できるバッファが存在するのです。そのため、産出元から消費者までの過程で必ずしも同期がとれている必要はありません。バッファの容量によって同期の精度は異なってきますが、それによって経路の各部分の流量の差が吸収されます。したがって輸送中の消失を除けば、石油・ガスが無駄に捨てられることはありません。ちなみに、ある輸送経路に障害が生じた場合には、別の経路あるいは輸送媒体を利用することが可能となります。輸送経路の冗長性（余分がある状態）を確保しているわけです。

このようにバッファが存在することで、各々のローカルのシステムで自律分散の動作が遂行されます。また、バッファの容量（石油・ガスの備蓄量）に余裕があれば、需要および供給の制御時定数[6]が変化しても対応することができます。制御時定数が非常に大きい場合は、産出国での政治的なインシデントや紛争の影響が考えられますが、それが比較的小さい場合はいわゆる事故が想定されます。バッファの容量を設計するということは流通のコストだけでなく、リスクに対応する能力を決めることにもなるわけです。

電力の流通システム

次に電力の流通システムにおいて、バッファの役割を考えてみます。電力が発電所で生成されると、配送網を用いて消費者に届けられます。発電所は一カ所だけではなく複数の場所に存在し、地理的に分散した構造となっています。

現在の電力配電システムの大部分は交流伝送というもので、日本では東日本が五〇ヘルツ、西日本が

6　制御時定数…システムの動きを制御するときには、制御信号を入力してもすぐに望んでいる状態に反応させることは難しい。この制御信号の入力に対して、システムの反応の速さを示す指標が制御時定数である。制御時定数が小さいほど反応が速くなる。

六〇ヘルツの周波数と決まっています。この伝送では、配電システム内のすべての装置の周波数が基本的に同期していなければなりません。これは交流を用いていること、システム内にバッファが存在しないことなどに起因しています。

これは旧世代の電話交換システムが回線交換を適用していたのと似ています。回線交換では、システム内部にバッファが存在しないために、日本国内のすべての交換機が速度（時計）の同期をする必要がありました。回線交換は、エンドユーザ間に専用の通信パイプを提供するポイント・ツー・ポイント型ですが、それに対して電力配電システムは、発電所から多数の消費者に電力を配電するマルチドロップ型となっている点が異なります。

電力配電システムのなかにはバッファがないので、発電所と消費者の間には、供給量＞需要量の関係がつねに成立していなければなりません。とはいえ、電力が過剰になると利用されることなく、無駄になってしまうので、需要に対応した供給の制御を発電所で行うようにしています。さらには、電力の需要と供給をできるだけ同じ値にするように、発電所側の供給量を制御するのではなく、消費者側の需要量を制御する「デマンドレスポンス（Demand Response）制御」というシステムの構築が現在、精力的に進められています。発電所の供給量が減少した場合、広域停電を回避するためには消費側でのデマンドレスポンス制御が不可欠になるわけです。

ちなみに石油・ガスの流通システムでは、長期的には産出元からの供給量の減少に応じて、消費者が需要する総量をコントロールして需給バランスをとることはあります。しかし、短期的には輸送経路上に十分なバッファが存在しているために、消費者側によるデマンドレスポンス制御は必要ありません。

今後、電力配電システム内にバッファが導入されるならば、電力量をコントロールするうえでの難しさを格段に下げられます。しかし、バッファの導入コストを考えると、消費者（＝エンドユーザ）でのデマンドレスポンス制御に期待せざるを得ません。ただ、この問題を解決する一つの方法が考えられます。それは電力エネルギーを蓄積してバッファ機能を果たすものをエンドユーザ側に実装することです。各ユーザの住まいに設置されたバッファには、電力配電とは異なる形で供給されたエネルギー（たとえば太陽光、小水力など）を電力として溜めておき、電力供給量が不足しそうな場合には、それを取り出すのです。

そしていま、電力エネルギーのバッファとして、さらに電気自動車が有力な候補になっています。電気自動車が従来の自動車と異なる理由には、「エネルギーの移動の双方向性」ということが本質にあります。もちろん従来の自動車でも化石燃料から電力を生成できるので、エンドユーザに設置されたバッファと見ることもできます。実際に阪神・淡路大震災のときには、自動車が発電機となってさまざまな機器に電力供給を行った事例があります。ただ残念ながら、この電力流通は自動車から機器への一方向なのです。これに対して電気自動車には蓄電と放電の二つの機能があり、双方向性を持ったバッファとなっています。その結果として、消費者におけるデマンドレスポンス制御をより容易にするものとして期待されています。

また、水素自動車（FCV：Fuel Cell Vehicle）の登場は、デマンドレスポンス制御の実現にいっそうの拍車をかけます。水素自動車は水素を電力に変換する機能を持つので、化石燃料を使用しない環境に優しい自動車というだけでなく、他の物質よりも大きな電力エネルギーを取り出せるのです。現時点の水素自動車でも、バッファが満タンの状態であれば、普通の住居の二〜三日分の電力を供給することができます。これが社会に普及すれば、環境とエネルギーの両面で大きなインパクトを与えることでしょう。

このように石油・ガスや電力といったエネルギーの流通システムでも、バッファ機能が導入されていけば、システム上の同期という制約が緩やかになって、エネルギーを配送する効率が上がります。そして各々のローカルのシステムで自律分散の動作が可能になり、システムの大規模化がいっそう容易になります。バッファを導入することの効果には、大きな可能性があると考えられます。

4——デジタル化の未来

著作権をめぐるビジネスの軋轢

インターネットは、エンド・ツー・エンドの考え方に基づいていました。ＩＴ技術の発展にともなって環境の整備が進められると、エンドのユーザたちによって音楽や映像のコンテンツが次々とデジタル化され、グローバルに共有されるようになりました。同時に、そうした新しいコンテンツの利用法が開発され、市場が創造されてきました。具体的には、音楽や映像のコンテンツをインターネット上で流通させるための多数のアプリケーションが誕生して、それらを駆使したビジネスプレーヤーが登場したということです。

それまでコンテンツはレコード、カセットテープ、CDあるいはDVDなどの物理的な媒体に固定されていました。そうした商品を扱う市場の構造でビジネスモデルを展開してきた音楽や映像の産業は、インターネットの登場に大きな影響を受けるようになります。そして従来の音楽・映像のサービスと、インターネットでコンテンツを配信するサービスとの間で、少なからぬ軋みが生じるようになりました。音楽や映像などの商用の著作物にアクセス（所有と鑑賞）するうえで、著作権の管理が問題になったわけです。

ところで、文学や美術の著作物の保護に関する国際的な枠組みは、一〇〇年以上前の一八八六年にベルヌ条約として成立しています。それから現在に至るまで、情報を流通させるメディア技術の進化にともない、著作権に関する考え方も変わってきました。とりわけインターネット以後は、その変化が顕著です。たとえば、一九九九年に音楽データの交換システムNAPSTAR[7]が公開されると、著作権をめぐって全米レコード工業会と衝突しました。インターネットの第一世代であるピア・ツー・ピア型の技術を用いてファイル共有ソフトが流行したのですが、そこで流通している音楽データの多くが市販のCDなどからの違法コピーであったことから、運営差し止めするよう提訴され、結果として敗訴しました。とはいえ、旧来の著作権の統治メカニズムを揺さぶった象徴的な出来事だったと言えます。

他方で、グローバルな規模で展開するデジタルネットワークの存在を前提としながら、著作物の利用

7　NAPSTAR…音楽のコンテンツを所有するコンピュータにアクセスして、希望するコンテンツをダウンロードして共有できるシステム。

を制限するだけでなく、そこから新たな創造を促進するための方法を確立しようという流れも生まれました。そうした新しい考え方として「クリエイティブ・コモンズ(Creative Commons)」[8]の活動が挙げられます。米国の憲法学者ローレンス・レッシグなどが中心になって運営されているプロジェクトで、デジタル化された著作物に関して、その適正な再利用の促進をはかることをめざしています。ある情報を共有しようとすると、著作権法などの知的財産権法が障害になる場合がありますが、この運動の基本的な考えは、そのような法的問題を回避することにあります。そのために、著作権所有者が情報のリリースにあたって無料で利用できるようなライセンスのテンプレートを提供するとともに、情報がネットワーク上で公開される際に、検索や機械処理をしやすいようなXML技術を用いたメタデータ化の提案も行っています。

このような動きは、デジタル技術の進展にともない、ユーザが高品質のコンテンツを容易に作れるようになったことと関係していると思われます。それだけでなく、ユーザがネットワーク上に存在するコンテンツを共有し、それを取り込んで新たなものを生むことで、連鎖的な創造が行われています。コンテンツが自由に利用されるようになったことは、従来のメディアの常識を覆すものでした。その結果、一般のユーザが自分や仲間たちで協働してコンテンツを作り、それらを流通させるという「消費者生成メディア(CGM: Consumer Generated Media)」が登場しました。

そもそも著作権とは、思想や感情の創作的な表現である著作物を排他的に支配する権利であり、その著作者の利益が損なわれることがないように保護するものでした。しかし同時に、著作物が特定の個人や組織に排他的に支配されることを防いで、人々の間で共有されて、新たな創造が促進されることを意図したものだったと言えます。デジタル化とネットワーク化は、著作物の流通を加速させながら、そのコストを劇的に低減させました。現在もインターネットは、その方向で推し進めています。こうしたなか、著作物が一定の範囲を越えて排他的に利用されたり、報酬の要求によって利用が制限されたりして新たな創造が萎縮してしまうならば、著作権の根本的な趣旨に反するのではないでしょうか。

このような観点から、ネットワーク上に流通するコンテンツに関して、新しい統治メカニズムを作り上げる必要があるかもしれません。その鍵になるのは、第1章6節で述べた「ネットワークの中立性」という考え方です。すべての消費者には、（1）合法なコンテンツに自由にアクセスする権利、（2）自由にアプリケーションを実行しサービスを利用する権利、（3）ネットワークを傷つけない合法な手段で自由に接続する権利、（4）サービス提供事業者を選択する権利、が担保されるべきだとされています。これらは、新しいコンテンツやサービスが展開される際の障壁を低くするもので、インターネットの運用を維持するために不可欠です。このうち、（1）と（2）の権利が保障されることで、消費者生成メディアのような活動が実現されると言えるでしょう。

コンテンツビジネスの四つのシナリオ

放送と通信という二つのシステムは、コンテンツの市場に大きく関わってきました。今後、これらは

8　クリエイティブ・コモンズ…ローレンス・レッシグ『コモンズ——ネット上の所有権強化は技術革新を殺す』山形浩生訳（翔泳社、二〇〇二年）、林紘一郎編著『著作権の法と経済学』（勁草書房、二〇〇四年）を参照。

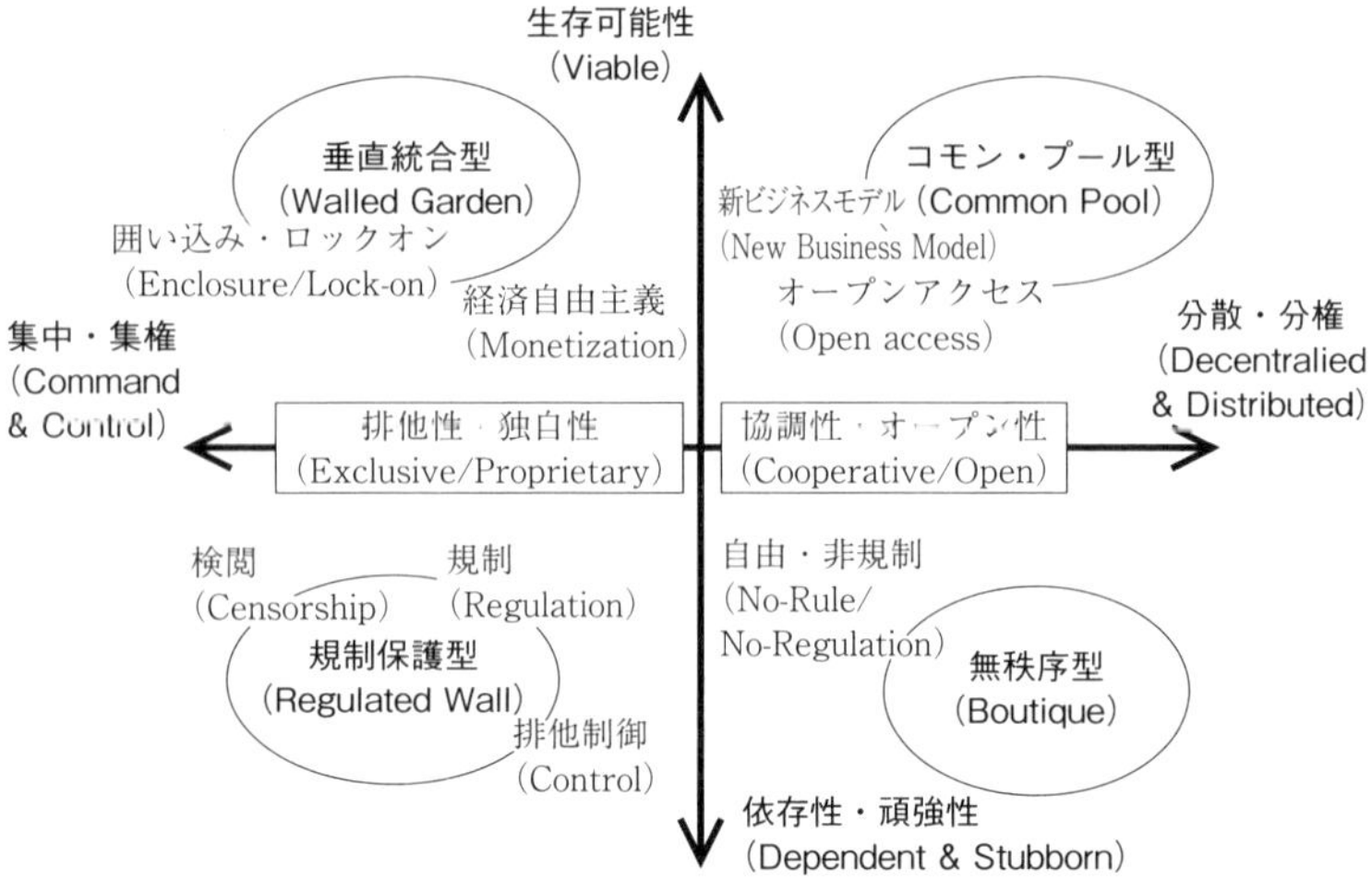

出典：Internet Society, *Internet Futures Scenarios*, 6 October 2009
http://www.internetsociety.org/sites/default/files/pdf/report-internetfutures-20091006-en.pdf

図 2-12　コンテンツビジネスの四つのシナリオ（＝ネットワークシステム行動の四つのモデル）

どのような展望を開いていくのでしょうか。おそらくデジタル化によって、この二つが融合していくと考えられます。図2-12では、放送と通信の融合において、コンテンツビジネスの四つのシナリオを示しました。コンテンツを含む知的財産の管理という観点から、縦と横の二つの軸が設定されています。そして、どのような戦略や政策がありうるかを四つの型で整理しています。

まず横軸は「分散・分権」（個人や組織が自律して自由に管理する）と「集中・集権」（統一された規則と秩序に基づいて管理される）の広がりです。その軸に沿って、技術やサービスの運用で「協調性・オープン性」と「排他性・独自性」のそれぞれを尊重する方向性が考えられます。また縦軸では、新しいコンテンツやビジネスモデルに対する許容能力が考えられます。それらに対して活動基盤が安定しているという意味での「依存性・頑強性」、または活動基盤が変化するという意味での「生存可能性」の方向性が考えられます。

そしてコンテンツビジネスのシナリオは、つねに新しい技術の普及をともないながら、この二軸で表される四つの領域を移動します。すなわち、「規制保護型」「垂直統合型」「無秩序型」「コモン・プール型」です。

規制保護型から無秩序型へ

インターネットが登場する以前の放送産業では、日本が特にそうなのですが、無線インフラの事業者とコンテンツ制作の事業者が一つの会社となっている状態が基本でした。放送用の周波数の割り当ては、国際的には国連の組織であるITU－R（国際電気通信連合 無線通信部門）が調整を行い、各国では政府（日本では総務省）がその役割を担いました。図2－12の左下のような規制保護型となって、国による管理が行われるわけです。

さらに日本では、地域における周波数の割り当てが、都道府県レベルの自治体の業務となっていました。いわゆる地方放送というものです。ちなみに放送と並ぶマスメディアである新聞も、事業領域の割り当ては都道府県レベルの自治体の単位となって、それぞれの地方紙が発刊されました。このような構造は、一九七〇年代の田中角栄首相の時代に確立されています。そして放送局と新聞社と自治体がほぼ同じ地理的大きさとなっているので、三者に資本関係がある場合も少なくなかったのです。そのうえ、放送と新聞にあっては地方レベルだけでなく、全国レベルでもコンテンツの制作と配信が一つの会社で行われていて、その流通経路の利用が排他的[9]になっていました。

ところが、このような放送と新聞の状況にも風穴が開きます。デジタル技術とインターネットの登場によって、コンテンツは低いコストで、自治体の境界を跨がって流通するようになりました。しかも他の配信メディアさえも利用できるようになりました。日本では一九九七年、佐賀新聞社が自社のウェブページで記事データの無料公開を開始しました。この事業に関与した元佐賀銀行頭取・会長の田中稔氏の話では、「県外（海外も大きなターゲット）にいる佐賀県出身者のみなさんに、地元の情報を提供することで元気を出してもらい、実家の皆さんとの会話が良好になるようにしたい」との思いだったとのことです。インターネットは、国や自治体などの境界に関係のないグローバルな情報の流通を可能にしますが、その特徴と効用を見抜かれての事業であったようです。

さて米国では、かねてからコンテンツの制作と配信の事業を分離させた環境を作ろうとしてきました。憲法で保障される「表現の自由」を確保するためには、制作と配信は独立した事業体で行うべきだという考え方が背景にあります。したがって、基本的にコンテンツ制作の事業者が、複数のコンテンツ配信のプラットフォームを利用できる形態になっています。また、このような制作と配信の事業の上下分離が行われるならば、いっそう自由で自律的なコンテンツの創造が促されて、その制作の事業者の間での競争関係も構築されるというわけです。

現在、既存の有線および無線（ＷｉＦｉ網と４Ｇ　ＬＴＥ網など）の情報通信ネットワークの統合が推進されて、インターネットを用いた通信と放送の融合は急速にかつ着実に進展しています。前述のピア・ツー・ピア型の技術を用いた音楽や映像のファイル共有に加えて、Ｇｙａｏ！、アクトビラ、ｈｕｌｕ、

Netflix、あるいは各局のVoD（Video On Demand）サービスなどに代表されるような、放送時間に拘束されない番組の視聴が一般化しつつあります。これまで放送や通信のサービスで個別に構築されてきた種々多様なネットワークが、デジタル技術を用いて統合と協調を図って、新しいサービスを提供する事業に進化していると言えます。図2‐12で言えば、これは右下の無秩序型への移行です。

垂直統合型からコモン・プール型へ

一方、携帯電話、インターネット、放送のビジネスの分野では、アプリケーション、データ、コンテンツの伝送基盤を垂直統合し、特定の配信プラットフォームにユーザを囲い込むというビジネス構造も作られています。そこでは、ユーザが特定の配信プロバイダに固定（ロックオン）されてしまうため、コンテンツへのアクセス権に制限がかかり、その結果としてコンテンツの自由な流通の障害となっている、との指摘もあります。これが図2‐12の左上の垂直統合型です。

ただ、携帯電話では、これまで携帯電話サービスプロバイダごとに構築されていたコンテンツ提供のシステムが共通化されて、ある意味で制作と配信の基盤の分離（アンバンドル化）が急速に起きつつあります。すなわち、携帯電話システムのオープン化です。さらに、インターネットでは、サービスプロバイダとは独立して、そのインフラ（＝インターネット）を用いてコンテンツ配信などさまざまなサービスを行う事業者が現れています。すでにビジネスのメインプレーヤーになりつつあって、「ＯＴＴ（Over

9　流通経路の利用が排他的…猪瀬直樹『欲望のメディア』（小学館、二〇〇二年）を参照。

The Top)」と呼ばれています。その結果、特定のサービスプロバイダにロックオンされていたコンテンツプロバイダは、他のサービスプロバイダで配信するのみならず、携帯や放送など他のチャネルへの配信も可能になりつつあります。これが図2-12の右上のコモン・プール型です。

これは垂直統合型の囲い込みを是正することで、水平方向へのビジネス展開を可能にします。したがって、コンテンツ制作の事業では、コンテンツ配信の事業からの独立性と自律性が経済的に実現されることになります。

世界的に見れば、テレビに代表される放送事業の分野では、制作と配信の分離は珍しくありません。これについては、メディアの独立性、およびコンテンツの流通拡大による関連産業の振興という観点から、日本でもあらためて検討が行われるべきでしょう。コンテンツの制作と配信の基盤を分離するという流れは、海外ではすでにメインストリーム化しており、コンテンツ制作の事業者は国内市場に閉じこもるのではなく、グローバルに展開する状況をもはや迎えていると言えます。

さまざまな情報通信ネットワークのなかでも、インターネットが既存メディアに与えたインパクトは非常に大きいと言えるでしょう。これまでの制作や流通の形態を変革したのみならず、すでにインターネット自身が存在感を持ったメディアとして認識されています。そこでは、従来のメディアには存在しなかった「消費者生成メディア（CGM）」という一般大衆が形成するものが生まれていることは述べました。そのような中、著作権（工業所有権も含む）に関する統治メカニズムの刷新は避けられないでしょう。ネットワーク化されたメディアと、著作権や工業所有権を含む広い意味での知的財産との関係において、私たちは新たな段階に入りつつあるのかもしれません。

潜在顧客を掘り起こす情報提供

よく知られているように、放送にはコンテンツと広告の関係が存在します。ところが、この関係がテレビだけでなく、映画にも導入され始めています。放送の場合、NHKやBBCなどの国営放送を除けば、放送局の主な収入源は広告料となっています（有料でのコンテンツ配信事業による収入もありますが、まだ大きなものとは言えません）。放送するコンテンツを制作する際、広告主（=番組のスポンサー）のビジネスにつながるような特定の製品やサービスを番組内に埋め込む行為は、良識の範囲内に留めるのが通例となっています。ただ、その代わりにCMを番組の間に差し挟むことで、広告主の宣伝に協力しています。

他方で、これまでの映画産業というのは、劇場での上映とDVDなどの販売による興業収入のみというビジネスモデルでした。しかし、映画の制作事業に対して出資を受けることで、映画のなかに出資者の製品やサービスの広告的効果を埋め込むという形態が出てきているのです。そして広告的効果が埋め込まれた映画の複製デジタルファイルが、映画館での封切り直後にインターネットを介して無料で配信されるといったことが、いくつかの国を中心にして広まりました。たとえば、二〇〇四年七月に公開された二〇世紀フォックス社配給の「アイ、ロボット」が挙げられます。この映画のなかには、出資者の製品が多数登場していて、映画そのものが製品の広告になっていました。

これは明らかに、映画の制作への投資と考えられます。通常の映画館での上映やDVDなどよりも、インターネットのほうで圧倒的多数の人に視聴されることが想定されているのです。映画館やDVDによる視聴ではコストが大きくて断念してしまう潜在的な顧客を対象にして、インターネットによってアクセスしやすくして、製品の広告効果を拡大する。すなわち、製品の販売額を増大させるというロングテール・ビジネスにあたります。

これに似たビジネス形態としては、大相撲のテレビ放送があります。大相撲は戦後に苦難の時期が続いていたのですが、無料でテレビ放送を行いたいとの要望が放送局から出されました。そのときの相撲協会のほとんどの意見が、そうなれば国技館に来るお客さんの数がますます減ってしまうというものでした。しかし、当時の出羽海理事長の判断によって、一九五三年五月に大相撲のテレビ放送が開始されます。そしてテレビ放送の開始後、国技館への来客者数はなんと急増したと言われています。おそらく、これも無料で配信されたことによって潜在顧客への情報提供が行われた結果、実顧客の数が増大した例と言えるのではないでしょうか。その他、同様の例としては、野球中継が挙げられます。また歌舞伎のハイビジョン配信、観光地の高精細映像の配信（スポンサーは航空会社や旅行代理店）なども当てはまります。

さらに最近では、ミュージシャンによる音楽コンテンツ配信（楽曲やプロモーションビデオなど）が、その典型的なビジネスモデルと言えます。ミュージシャンは無料（あるいは非常に低価格）で音楽コンテンツをインターネットで提供します。そうして自分たちの音楽コンテンツを視聴する人の数を増やしていって、有料のライブコンサートなどで収入を得ます。ライブコンサートというのは、そこに実際に行かないと体験できないアナログなコンテンツです。またミュージシャンとの双方性を持ったコラボレーションなので、オンラインの一方向性とは異なる価値を備えています。まさにデジタルコンテンツを通じて、アナログコンテンツの価値を向上させたと言えるでしょう。音楽コンテンツ業界では、デジタル化によって従来の伝送媒体から解放されることで、新しいビジネス構造へと移行していることが分かります。

ここで取り上げた例は、いずれも映像や音楽を無料で提供しながら、製品や実物へのアクセスを誘導するものです。一般的に映像や音響が高品質になるほど、効果が大きくなります。インターネット技術の進歩によって、コンテンツにアクセスするコストが激減した結果、多くの潜在顧客に情報を提供できるようになりました。つまりは実顧客数を増加させるロングテール・ビジネスが可能となったのです。

音のオブジェクト化

本章1節では、「歌詞＋楽譜」が広義のデジタル情報であることを述べました。図2-4で示したように、従来のデジタル伝送では、デジタルとアナログの変換を複数行わなければならず、きわめて効率の悪い伝送の形態でした。まず「歌詞＋楽譜」(デジタル)をいったん「歌声」(アナログ)へと変換し、「電気的歌声」(アナログ)に取り込み、さらに「電気的歌声」(デジタル)にサンプリングして、それを聴き手に伝送して……という流れです。

これに対して、図2-5のようにＭＩＤＩやVOCALOIDに代表される最新メディアを用いたデジタル伝送では、「歌詞＋楽譜」(デジタル)と「電気的歌声」(デジタル)の間にあったＤＡ変換・ＡＤ変換をスキップして、デジタルのまま(＝デジタルネイティブ)に情報の伝達を実現しようとしています。

ところで、インターネットで流通するコンテンツのなかでも、エンターテイメント系のものを「リッチコンテンツ」と言います。これはリッチコンテンツが大量のビット数(情報量)を持っているので、そう呼ばれるのでしょう。しかしすでに述べたように、デジタルネイティブにコンテンツを伝送するならば、同品質のコンテンツをきわめて少ないビット数（情報量）で提供できます。つまり、リッチコンテンツであっても非常に効率よく伝送できるというわけです。

さらに最近では、ＭＩＤＩやVOCALOIDあるいはゲームが行っているように、コンテンツのなかに存在している複数のオブジェクト（音、画像、映像など）をばらばらにして、それぞれのデータを個別に伝送し、受信側でオブジェクトごとのデータを取り込み、コンテンツを再構成するようなシステムへと進化を遂げつつあります。その場合、コンテンツでは、音の高さや大きさはどうか、モノの色や形はどうかといった情報の意味にとらわれず、単純にそのままの音や映像をサンプリングして生成されるビットマップ情報を伝送します。

他方で、このような新しいコンテンツというのは、そのなかにあるオブジェクトに関する個々の情報を表現しているので、受信側でコンテンツの「空間」を自由に再構成できるようになります。もちろん送信側とまったく同じ「空間」を再構築することもできますが、そうではなく受信側で意図的に、オブジェクトの形状を変える（たとえば歌声の音色、車の色や大きさ）こともできます。あるいは、他のコンテンツのなかのオブジェクト（たとえばピアノの音、バイク）を取り込むようなことも可能になります。

このように映画やゲームの産業を中心としたコンテンツは、ますます変化を加速させています。またコンテンツのなかにあるオブジェクトだけでなく、その情報を活かした技術や機器も発展しています。たとえば二〇一四年、米国ドルビー社が市場に投入した「音のオブジェクト化（メタデータ化）」[10]です。同年に大ヒットとなった「アナと雪の女王（英語タイトルはFrozen）」をATMOS対応の映画館で観た人は、これを体験できたでしょう。３Ｄの音響システムとされていますが、その実態は、多数（最大で数百）の音源データに高度なデジタル処理を行い、複数のスピーカーから音量と位相を個々に駆動させることで、任意の「音場」（音の存在する空間）を構成するというものです。それぞれの音の方向や位置を情報の受信側（映画館）で自由に制御できる技術となっていて、これまでとは本質的に異なるオブジェクト・オリエンテッド[11]（指向）の音響空間を実現するものです。これは映画の制作サイドから起きた例ですが、音響システムの革命と言ってよいと思います。

　この任意の方向や位置に音場を作る技術は、別の業界によっても試みられています。もともとは電波やレーダーの送信源を制御するために開発された「フェイズドアレイ技術」が音響システムに導入されるというものです。そうなると、たとえば記者会見などで利用されるプロンプタ装置（原稿を表示し、話者を補助するための装置）にも変革が起きる可能性があります。現在のプロンプタ装置は、液晶モニターとハーフミラーを用いて視覚を利用したものです。しかし、フェイズドアレイ・スピーカと呼ばれる最先端の機器があれば、特定の人の耳のそばだけで聞こえる音をスピーカーから発することができます。インカムを装着しなくてよい、いわば聴覚によるプロンプタ装置です。またビジネスの交渉の場面でも、

10　ATMOS対応の映画館…米国ドルビー社（音響技術会社）が製品化したもので、オブジェクト・オリエンテッド（指向）に基づいた新しい三次元的な音響空間を可能にする映画館。天井にもスピーカーが配置され、演出の高度化が実現された。

11　オブジェクト・オリエンテッド（指向）…本章1節で述べたように、現在までに四つのデジタル革命を経験している。（1）言語の発明、（2）文字の発明、（3）デジタルサンプリング（標本化の定理）の発明、（4）デジタル伝送の発明、である。このオブジェクト・オリエンテッドが五つ目のデジタル革命と言える。

味方だけに聞こえる音で情報提供を行うことができます。視覚による情報提供に頼る必要がなくなるので、その人は交渉相手とアイコンタクトを維持できて、有利に説得しながら協議を行えるかもしれません。

その他にも、最近のプロ用の音響システムで進展が見られます。これまでアナログだったケーブルに対して、イーサーネット、さらにイーサーネットで電源も提供するＰｏＥ（Power over Ethernet）が導入されるようになっています。これによって専用の音響機材で仮想の音場を作ることに成功しており、さらにクラウドシステムに接続して新たな形態にまで進化しようとしています。

以上のように、音響システムではデジタル技術、そしてインターネット技術の導入が本格的に始まっているのです。

音と映像のオブジェクト化

こうした「音のオブジェクト化」に対して、「映像のオブジェクト化」は既存のものとしてかなり普及しています。たとえば、複数の視点から空間の映像を撮影し、それに高度な技術処理をすることで、空間に存在するオブジェクト（たとえばコップ、車、人など）を三次元のものとして抽出できるようになっています。このオブジェクトの情報を用いれば、任意の視点から三次元空間の映像を再構築することもできます。

さらに言えば、「音のオブジェクト化」と「映像のオブジェクト化」を融合させることもできます。そこには新しい技術の展開が見込まれており、市場やビジネスが生じる可能性もあります。いわゆるコンテンツビジネスという枠組みを超えて、インタラクティブな要素の強い教育ビジネスや、スポーツなどのエンターテイメントビジネスなどでも試みが模索されており、これまでにないビジネス領域の開拓も期待されています。

まず教育ビジネスでは、次のようなコンテンツを作成できるようになるでしょう。当然さまざまなヴァリエーションが考えられます。

（1）オーケストラの実編成での楽器演奏トレーニング

オーケストラの特定の場所で聴こえる音響、そして見える映像のなかで、自分の楽器の演奏を行えます。観客席における音響・映像ではなく、実際のオーケストラ編成のなかに自分が存在するという環境で、楽器の練習ができるわけです。

（2）任意の視点からの映像による医療・看護トレーニング

医療や看護のトレーニング映像では、患者の身体における部位やそれに対する視点をさまざまに提供できます。トレーニングを受ける人の必要性に応じて、その部位や視点に関して任意の映像を参照することが可能です。

（3）物理パラメータなどの条件を変更した科学教材コンテンツ

科学教材コンテンツのなかに存在するオブジェクトは、実際に撮影・録音したものである必要はなく、それを任意の場所に配置し、あるいは別のものに入れ替えて新しい空間を再構成できます。さらに空間の再構成にあたって、物理法則（重力、摩擦係数など）を変更することも不可能ではなくなります。

続いてエンターテイメントビジネスでは、次のようなサービスの提供が考えられます。

（1）任意の視点から見たパブリックビューイングシステム

スポーツやコンサートのパブリックビューイングの場合、テレビ放送とは異なる視点からの映像と音響を体験することができます。さらにコンピュータの処理能力が向上すれば、高精細な音響や映像によって、少人数あるいは個人でありながら多数の観客と参加している体験ができるでしょう。

（2）アウェイなのにホームの雰囲気でのスポーツ観戦

サッカーや野球の試合では、観客の音響・映像を強調したり弱めたりと操作することで、応援するチームにとってアウェイであるにもかかわらず、ホームのような雰囲気で試合の視聴ができるようになります。

（3）現実でも体験不可能な空間構築システム

任意の場所や視点からの音響・映像を選べるので、実際には得られない空間体験を実現できます。

たとえば、フィギュアスケートの試合をスケートリンクの氷上から視聴するなどです。これは実空間では味わえない体験を可能にするものです。

今後は、このようなオブジェクト・オリエンテッドのコンテンツが、本当に「リッチ」なコンテンツとなっていくでしょう。なぜなら、いずれにしても各ユーザのコンピュータが高度なデジタル処理を受け持つので、その結果として、各ユーザが自由にコンテンツを操作できるようになるからです。

しかも単一ではなく、複数のコンテンツプロバイダからコンテンツが豊富に提供されるようになり、それらがグローバルに共有されていくに違いありません。これはエンド・ツー・エンドの考え方に基づいたシステムの展開でもあるのです。

五感のデジタルネイティブ化

最後に、人間の五感とコンテンツの関係について考えてみましょう。言うまでもなく五感とは聴覚、視覚、臭覚、味覚、触覚です。これまで述べたように、このうち聴覚（音）と視覚（画像・映像）に関しては、すでにオブジェクト化が実現しつつあります。つまり、コンテンツのなかにある音や映像などがデジタル情報を起源にしたままで表現されるということです。まさにデジタルネイティブなコンテンツの登場です。

そして現在、残された臭覚と味覚に関しても、匂いと味を作り出す基本要素が特定されようとしています。光における「赤（R）・緑（G）・青（B）の三原色」、あるいは音における「正弦波の周波数と位相」に対応すると考えればよいでしょう。あとは触覚の基本要素ですが、それが特定されるならば五感に関する情報の抽象化がすべて達成されることになります。そうなると、空間に存在するオブジェクトの数々を再現するためのプロファイルが定義され（＝オブジェクト化され）、人間の五感を刺激できる人工的な空間が自由に構築されるようになるでしょう。

こうして、私たちが五感で感じとれる空間はいっそう広がります。インターネットを利用することで、自ら体験できる空間の範囲は地球規模にまで拡張することができます。しかし、ここで話は終わりません。これまではあくまで五感に関するものでした。さらに人間が持つ五感のダイナミックレンジ（識別可能な値の範囲）を越えたセンサーを用いるならばどうなるでしょうか。実際、人間が持つ五感以外の情報を収集するセンサーを利用できる環境になってきています。おそらく将来には、そうした情報を編集・加工できるシステムが構築されることでしょう。これは人類が五感における卓越した能力を得るというだけでなく、五感以外の言うなれば「超能力」を獲得することになるのです。

本章の冒頭で述べたように、広義のデジタル化とは、「情報を抽象化し、オブジェクトとして定義し、相互に共有する方法」のことでした。そう考えると、五感以外の情報を収集するセンサーには、「物理的」センサーだけでなく、「論理的」センサーが含まれると言えます。現在、ＩｏＴの普及によって膨大な数の物理的なセンサー（さまざまなモノに取りつけられる機器）がインターネットに接続されて、そのセンサーが生み出す情報を編集・加工することが可能になっています。そして今後は、さらに多様な情報を生むための論理的なセンサーも登場します。これには、たとえばコンピュータ上で動作する電子メールといったソフトウェアや、ＣＰＵなどのハードウェアも含まれ、じつはセンサーから集められた情報の処理を行うシステム自体もそのようなセンサーの一つと捉えることができます。

この広い意味でのセンサーが生成する情報を収集し、それを抽象化することで、人間の五感では把握できない知見を共有していく。そのための強力なエンジンとして、インターネットシステムというのはさらに発展していくと思われます。

第3章——インターネット時代の社会・経済を理解する

1―インターネットの誕生と成長

前章では、インターネットが前提とするデジタル技術の本質的な特徴を整理して、それを未来のコンテンツビジネスに投影してみました。本章では、レンズを少し広角に切り替えて、社会・経済に関する歴史のなかで、インターネットというものを俯瞰したいと思います。そして、インターネット・バイ・デザインという考え方の歴史的位置づけを明らかにしていきます。

二人の主役の舞台裏

人類の歴史という広大な流れからすると、インターネットが登場して現在までの時間は、ほんのわずかな点のようなものですが、それでもインターネットに代表されるコンピュータネットワークが、これまでいかなる思想や技術によって構築されてきたかを振り返れば、そこには相応の歴史が刻まれていることが分かります。まずはそれを概観してみましょう。

これまでのコンピュータシステムの変遷では、時代とともに、「クライアント・サーバ型（CS型）」と「ピア・ツー・ピア型（P2P型）」とが共存してきました。両システムは主役の座を争いながら、その規模と複雑度を増大させて成長してきました。図3－1にその変遷を整理しました。それぞれのコンピュータネットワークの環境はCS型あるいはP2P型のいずれかに属しています。

年代	型	環境	技術
1950～80 年代	CS 型	メインフレーム	バッチジョブ
1980～90 年代	P2P 型	分散コンピューティング	Multics, UNIX
1990～2000 年代	CS 型	クライアント・サーバ	LAN WAN, ダイヤルアップ, Windows 95, TCP/IP
2000 年代前半～後半	P2P 型	ピア・ツー・ピア	ブロードバンドインターネット, ファイル共有, キャッシュ技術
2000 年代後半～10 年代	CS 型	クラウド	データセンター
2010 年代前半～	P2P 型	IoT	スマート化, 自動運転車

図 3-1　CS 型と P2P 型の変遷

メインフレーム環境――CS型

一九五〇年に世界初の商用コンピュータ UNIVAC が登場して以来、八〇年代までコンピュータネットワークの主流をなしたのは、メインフレームという大規模なコンピュータを中心としたシステムです。メインフレームコンピュータを核にして、ユーザ端末やプリンタなど周辺機器を配置し、独自のチャネル技術を用いて相互接続するという構造になっていました。一九六四年にＩＢＭが「システム360シリーズ」を市場投入し、コンピュータ業界の雄となると、複数のメーカーが企業の基幹業務を担うべく大規模なメインフレームコンピュータの開発に取り組みました。

メインフレームコンピュータは、メーカーごとに異なるデータフォーマットを持ち、個別の通信方式を用いて周辺機器とのデータ交換を行っていました。ユーザは、高度なデータ処理機能を持たない端末（VT100など）を用いて、メインフレームコンピュータにアクセスし、データ処理を依頼していました。

当時はまだ、「バッチジョブ」と呼ばれる処理で、ユーザとの間でのインタラクティブ性は確立していなかったため、ユーザ自身がプログラムとデータをメインフレームコンピュータで扱ってもらうように依頼して、そのプログラムが実行可能になったときに処理されるという形態でした。メインフレームコンピュータはユーザからの要求に応じてデータ処理を行い、処理結果を端末に返送（＝サービス提供）する。この場合、メインフレームコンピュータはサーバ機器であり、ユーザ端末はクライアント機器でした。

インターネットの起源となったARPANET（Advanced Research Project Agency NETwork）は、これらメーカーごとに異なるデータフォーマットおよび通信方式を持つメインフレームコンピュータ（いわばスーパーコンピュータのようなもの）を通信回線によって相互接続したもので、全米に散在する貴重なコンピュータを研究者たちが共用できるようなシステム環境をめざしていたと言われています。

分散コンピューティング環境——P2P型

一九八〇年代に入ると、米国のサンマイクロシステムズ社、DEC社、そしてAT&T社を中心に、Multicsから進化したUNIXを採用したミニコンピュータが次々と開発されるようになりました。これによって、コンピュータネットワークの世界には、複数のコンピュータを分散させて計算処理を行うというシステムが導入されます。

Multicsは、一九六四年にマサチューセッツ工科大学、AT&Tベル研究所などが協力して研究開発したオペレーティングシステムです。オペレーティングシステムとは、コンピュータのハードウェアの管理・制御を行う基本ソフトウェアを指します。ユーザがハードウェアの構造を意識することなく、プログラムを作成して、計算処理ができるためのインターフェースを提供します。Multicsは、タイムシェアリングシステム[1]や階層化ファイルシステム[2]あるいは仮想メモリ[3]など、今日のコンピュータで動作している基本ソフトウェアの核となる機能群を実現しました。その後、AT&Tベル研究所は、このMulticsを単純化したUNIXの研究開発に成功し、UNIXコンピュータを用いた分散コンピューティング環境が構築されることになりました。つまり、計算機資源（＝サービスを提供する機器）が一つではなく、複数存在して配置ができる環境です。

分散コンピューティング環境が、それまで主流だったメインフレーム環境に革新をもたらしたことは、ファイルやCPU資源の共有です。他のコンピュータとデータやオペレーティングの交換を実現するためには、共通した機能の要素と、その機能を利用するための標準インターフェース（たとえば、遠隔地にあるコンピュータ上でプログラムの実行を指示するためのプログラムRPC: Remote Procedure Callなど）が必要となります。それらの開発が盛んに行われるようになり、八〇年代から九〇年代前半にかけて、第一世代のインターネットが形成されました。

1　タイムシェアリングシステム…時分割システムと呼ばれるソフトウェアによって、コンピュータの動作を非常に短時間で区切ってソフトウェアを動かすことで、複数のプログラムを同時に実行可能にする。

2　階層化ファイルシステム…ルートという頂点を起点にした階層的な木構造で、コンピュータの中に存在するデータのかたまりであるファイルを管理する。

3　仮想メモリ…コンピュータ内部でのデータの記録・保存の場所を管理する方式。いろいろな記憶媒体が使っている物理的なアドレス（番地）に対して、それとは別に定義した仮想的なアドレスを関係づける。それによって、オペレーティングシステムが、それぞれ独自の形式となっている物理的なアドレスを意識することなく、データの記録・保存を行えるようにする。

クライアント・サーバ環境――CS型

分散コンピューティング環境の普及とともに、特定のサービス機能を専門としたサーバ機器が設計されるようになりました。具体的なサービスとしては、LAN（Local Area Network）環境では、データベースを処理するデータベースサーバ、大容量のファイルを管理するファイルサーバ、印刷を一括処理するプリンタサーバなどが挙げられます。また、WAN（Wide Area Network）環境でよく使われるサービスとしては、HTML言語で表現されたハイパーテキスト（文章ファイルのなかにポインターや表示の方法を示すことができるファイル）を処理するウェブサーバ[4]や、電子メールの送受信を管理する電子メールサーバなどが挙げられます。

クライアント・サーバ環境とは、これらのサービスを特定の専門に割り当てたサーバで行うことで、コンピュータネットワークを効率的に構築するものです。それによって、各ユーザが利用するコンピュータの環境設定は、格段に容易になりました。加えて、サービスを提供するサーバが機能を集約化して運用することで、サービスの信頼性は向上し、同時にサービスの提供コストも削減しました。現在のインターネットシステムで動作しているサービスは、ほとんどがこのクライアント・サーバ環境のアーキテクチャによって構築されています。

さらに、アナログ電話回線を使って、パソコンをインターネットに接続する技術が発明されると、WAN環境に急速に導入されました。「ダイヤルアップ」と呼ばれるこの接続方式の普及に加えて、九五年にはマイクロソフト社がリリースしたWindows 95にインターネットの通信規約であるTCP／IP

が標準装備されたことで、インターネットサービスプロバイダのビジネスが急成長しました。

ピア・ツー・ピア環境——P2P型

その後、二〇〇〇年頃から広がったのは、ピア・ツー・ピア環境です。各コンピュータが一対一に対等な立場で相互接続するモデルは、インターネットでは当初より成立していましたが、その規模が急速に拡大しました。

ピア・ツー・ピア環境とは、分散コンピューティング環境において、コンピュータの内部構造で使われている要素技術がネットワークに適用されたものと見ることができます。これが可能となった背景には、「ブロードバンドインターネット」と呼ばれる高速の通信環境が整備されたことや、半導体技術が高度化してユーザが所有するコンピュータの能力が飛躍的に向上したことなどが挙げられます。これらによって、多くのピア・ツー・ピア環境のサービスが展開されたわけです。

最初は、一九九九年に創設されたナップスター社による音楽ファイルの共有サービスではないでしょうか。音楽配信はもともと、クライアント・サーバ環境のサービスでしたが、それとは異なる環境で音楽ファイルの共有が始まると、たちまちレコード業界から訴訟が起きました。[5]

原始的なコンピュータにキャッシュ技術が存在しなかったように、それまでのインターネットにもキ

4 ウェブサーバ…一九八九年に欧州核物理学研究所（CERN）のティム・バーナーズ・リー博士が所内の論文の公開・閲覧システムとして考案したものが基礎となっている。

ャッシュ技術はほとんど存在しませんでした。しかし、ピア・ツー・ピア環境を実現するために、キャッシュ機能を担うシステムは、多様な形で導入されていきました。たとえば、遠くにあるコンピュータではなく近くにあるコンピュータがデータ処理を代理するプロキシサーバ、動画ファイルやＨＴＭＬファイルなどのコンテンツをエンドコンピュータに小さい遅延で配信できるＣＤＮ（Contents Delivery Networking：コンテンツ配信ネットワーク）システムなどがそれにあたります。

さらに、二〇〇二年にリリースされたWinnyなど第三世代のファイル共有システムというのは、コンテンツの配信の遅延を改善し、配信サーバの負荷を軽くするために、キャッシュサーバ（コンテンツのキャッシュを行うコンピュータ）をネットワーク内に分散して配備したものと捉えることができます。他方で、ピア・ツー・ピア環境におけるソフトウェアの研究開発の成果にもかかわらず、Winnyは違法コンテンツの配布の幇助を行ったという理由で裁判となりました。

ピア・ツー・ピア環境では、当然キャッシュミス（一時的に複製・保存したデータがキャッシュサーバ内に存在しないこと）が発生すると、もともとのファイルを持っている、遠隔地にあるオリジナルのサーバにアクセスすることになります。そうならないように備えて、キャッシュのヒット率（キャッシュサーバに存在している確率）を向上させるために、参照される可能性が高いコンテンツにあらかじめ当たりをつけておいて、実際に参照される前にキャッシュサーバに転送し保存しておく先読み（ＣＤＮではこれを「リバースキャッシュ」と呼ぶ）の機能も実装されました。

また、ピア・ツー・ピア環境では、コンテンツのファイル名の検索を完了した後のファイル転送は、それを持っているコンピュータから受信を希望しているコンピュータに対して、仲介のコンピュータを挟まずに直接行うという構造になっています。これは、コンピュータ内部でCPUを介した間接的なデータ転送ではなく、必要なモジュール間で直接的なデータ転送を行うことで、CPUへの負荷をかけずに高速化を実現するDMA（Direct Memory Access）と同じとみることができるでしょう。

さらに、コンテンツのファイル名やそのなかのデータを利用して、コンテンツが保存された場所を教えてくれるディレクトリ・サービス・システムというものがあります。これは、現在のほとんどのコンピュータにある仮想メモリとほぼ等価な機能を提供しました。したがって、コンピュータ内にある多数のデータを保存するモジュール（それぞれ独自のアドレスを用いる）が、大きな仮想的なアドレス空間とマッピング関係を作ることになって、それらを統合的に管理・制御することが可能になります。ピア・ツー・ピア環境のシステムのなかで、仮想メモリの考え方を導入して広く利用されているものでは、DHT（Distributed Hash Table）技術が有名です。

クラウド環境――CS型

以上のように、クライアント・サーバ型とピア・ツー・ピア型は、交互に時代の主役に躍り出ながら、それぞれに技術革新と規模拡大を実現してきました。二〇〇〇年頃からは、前述のようにピア・ツー・ピア型のサービスが大きくクローズアップされてきたのですが、その座を奪還すべく登場してきたのが、

5　キャッシュ技術…コンピュータの内部でのデータ利用の遅延を小さくするために、利用する可能性の高いデータを中央演算処理装置（CPU）の近くに一時的に複製・保存しておく技術。

クライアント・サーバ型としてのクラウド環境です。

これは、グーグル社やアマゾン社などが提供するサービスで、インターネットのなかに巨大情報処理工場（＝データセンター）をつくって、そこにユーザのデータを格納し、高性能計算（HPC：High Performance Computing）技術やグリッド・コンピューティング技術[6]を用いて、さまざまなサービスを提供するものです。そこで使われる技術は、いずれも大規模な計算機処理を実現するためのもので、従来は学術界を中心に研究開発されてきました。二〇〇〇年代前半に産声をあげ、その後半にはサービスと機能ともに拡大しました。それにともない、企業は自社の事業所内に設置していたコンピュータをインターネットのなかにあるデータセンターに移動させ、センター内のサーバを利用して、業務の効率化とコスト削減に乗り出しました。それには、これまでの企業システムがクラウドサービスを前提としたものに改変される必要があるのですが、その構築が急拡大しています。

クラウドにおける最初のサービスは、ヤフー社やグーグル社による情報検索サービスです。インターネット上に分散するウェブサーバが、それぞれに提供する情報の存在場所をキーワードから教えてくれるというディレクトリ・サービスです。これにより、「インターネット上にどのような情報がどこに存在するか」という情報が、データセンターに蓄積されるようになりました。

さらに、従来はユーザ自身が所有する特定の情報機器からサービスが提供されていましたが、データセンターの仮想的なサーバの利用によって、どこにいても必要なサービスが受けられるというクラウドサービスが登場しました。すなわち、オフィスに設置されたサーバでサービスを提供するOn-the-Premise（＝事業所内）型から、オフィス以外の場所にあるサーバを利用することで同等のサービスを提供するOffthe-Premise（＝事業所外）型へとシステムが移行しているのです。

クラウドでは、異なるハードウェアでも利用できなければなりません。それはユーザにとっての環境が模倣されることで実現します。

・ハードウェア環境の違いを吸収してくれる仮想計算機（VM: Virtual Machine）
・機器の物理的な接続形態（トポロジー）に依存せずに、ユーザが希望する接続形態を模倣する仮想ネットワーク（VN: Virtual Network）
・ユーザが希望するコンピュータネットワーク環境を模倣する仮想プラットフォーム（VP: Virtual Platform）

クラウド環境では、ユーザ自身が物理的な設備を所有する必要がありません。また利用するコンピュータ資源の能力を簡単に変更できるうえに、スケールアウト技術（処理能力を容易に高性能化できる技術）によってサービス能力を自動的に調整できるようになりつつあります。ベンチャー企業や研究開発部門などによる利用が急増しているのもうなずけます。企業経営の観点でいえば、設備管理のオーバーヘッド（間接的・付加的に必要となる処理）、そして設備投資に関するリスク管理がクラウドサービスを提供す

6　グリッド・コンピューティング技術…インターネットのような広域に展開されているネットワークに存在する計算機資源を自由に結びつけることで、大規模で高度な計算処理を実現する技術。次世代の高性能コンピュータシステムとして研究開発が行われ、現在のクラウドの先駆けと位置づけられる。

る事業者によって担われるわけです。

クライアント・サーバ型のクラウド環境は、各ユーザが利用するクライアント端末がモバイル化することでさらに加速しています。クライアント端末は、ユーザとのインターフェースの高機能化によって、端末そのもののコンピューティング資源を提供すると同時に、クラウドサービスを用いてユーザに提示するデータの生成を行う――そのようなシステムを実現しています。

時代はクラウドからIoTへ

これまでのコンピュータネットワークを振り返ると、時代の推移とともに、エンド・ツー・エンドの考え方に基づいて発展してきたことが分かります。すなわち、ユーザ間でのデータ伝送はエンドユーザのコンピュータが責任を持ち、またネットワークを中継する機器は複雑な処理を行わず、透明性のあるデータの送受信を提供するということでした。そのなかで、さまざまな技術仕様に基づいたコンピュータネットワークが展開されてきたわけです。すでに見てきたように、クライアント・サーバ型とピア・ツー・ピア型が勢力争いをしながら、そのシステムの規模拡大と能力向上を図ってきたと言えます。

近年のデータセンターを核にしたクラウド環境はクライアント・サーバ型であって、次にはピア・ツー・ピア型への移行が待っているのであり、その動きはすでに見え始めています。地球上に存在するすべてのモノ（Things）をつなげるという方向性、IoT（Internet of Things）あるいはIP for Everythingのなかから生まれつつあるようです。スマートホーム、スマートビル、スマートシティ、そしてスマートプラネットなどの理念がこの事例になるでしょう。

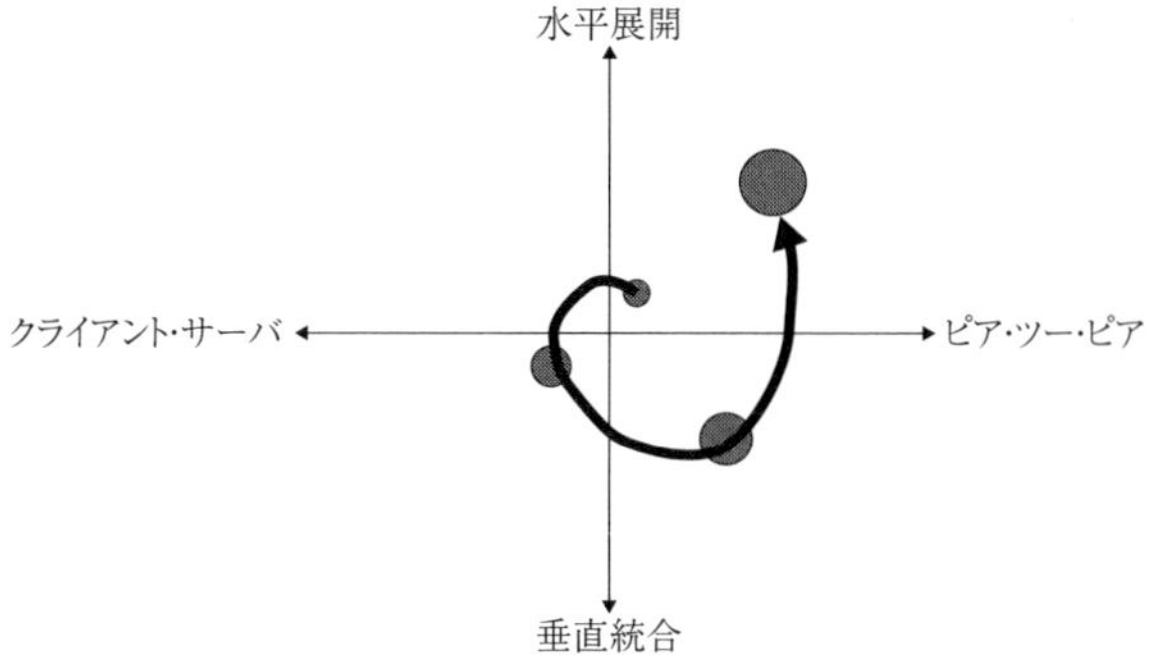

図 3-2　P2P 型と CS 型のポジティブなスパイラル

ＩｏＴという環境が進展すると、自動運転車に代表されるように、高速に動き回るモノの管理・制御を小さな時間遅延で実現させなければなりません。そうした理由から、再びピア・ツー・ピア型のシステムの導入が展開されていくことになるでしょう。また、自動運転車のようなローカルなシステムがインターネットとの接続を喪失した場合でも、稼働を適切に続ければならないわけですが、こうした不測の事態でも機能を持続させるという重要な点からも、「インターネット上に存在するサーバ」と「サーバへの接続を前提にせずに動作するローカルなシステム」の適した環境を実現しないとなりません。そのためには、やはりピア・ツー・ピア型のシステムが必要となるのです。

さらに、このようなピア・ツー・ピア型の動きは、情報のプライバシーを守りたいというユーザの要求にも適合するものです。そこでは、プライバシーを侵害する可能性のあるデータをサーバ側には転送せず、データ処理をローカルで完了させることができます。

図３－２では、クライアント・サーバ型とピア・ツー・ピア型のポジティブなスパイラルの様相を表しました。図３－３に示し

年代形式	1960s 据付	1970s オフコン	1980s ミニコン	1990s パソコン	2000s ノート	2010s ボタン
CPU（MIPS）	0.1	1	10	100	1k	10k
メモリ（GB）	0.01	0.1	1	10	100	1k（1T）
重量（kg）	1k	100	10	1	0.1	0.01
携帯度	10^{-12}	10^{-9}	10^{-6}	10^{-3}	1	10^{3}

携帯度＝MIPS×GB÷重量（10^3 ずつ減少）

図 3-3　コンピュータの携帯度の変遷

たように、エレクトロニクス技術はムーアの法則にしたがって継続的に発展しているので、近年のクライアント・サーバ型のクラウド環境、そして次に登場してくるピア・ツー・ピア型における高機能のIoT環境も実現されていくでしょう。

ただし今後、次世代のピア・ツー・ピア型が展開しても、現在のデータセンターを核にしたクライアント・サーバ型のサービスが消失するわけではありません。新たなピア・ツー・ピア型は、クライアント・サーバ型のインフラが提供する過去のデータや、そうした過去のデータを利用して行われる「ディープラーニング（深層学習）」（第1章を参照）の技術などをベースに動作するシステムとなるでしょう。そこでは、コンピュータのデータ処理能力が飛躍的に向上するため、膨大な種類と量のデータ処理が可能となり、これまでは抽出できなかった知見や事象を発掘して利用できるようになると思われます。

インターネットと物理的システムの融合

コンピュータネットワークシステムは、当然ながら単一の機能だけで構築されているのではなく、複数の機能を組み合わせて、それぞれのサービスを提供しています。クライアント・サーバ型でもピア・ツー・ピア型でもさまざまな機能を発揮できるので、現実のシステムはこれら二つのサービスのアーキテクチャが複雑に統合された形で実現されています。

しかし、すでにお気づきの読者もいるかもしれませんが、新しいサービスというのは、ほとんどの場合クライアント端末を用いたピア・ツー・ピア型で生まれて、社会に受け入れられる過程で徐々にクライアント・サーバ型に移行していきます。そのなかで、サービスを提供する資源が集約化され、スケールメリット（＝大規模化による利点）によるコストダウンや、サービス停止時間の削減などの品質の向上が達成されると、いよいよ企業による事業化が進みます。

見方を変えれば、まずはインターネットの重要な特徴であるエンド・ツー・エンドの構造を堅持して、エンドユーザのコンピュータを用いたピア・ツー・ピア型のサービスが新たな挑戦を試みられるような環境を維持することが大切で、それによってクライアント・サーバ型のサービスの登場が担保されるわけです。

現在、インターネットはＩｏＴあるいはIP for Everythingとも呼ばれるユビキタス化（いつでもどこでもネットワークを利用できる状態）を果たしながら、「物理的システムとの融合」を経験しつつあります。これはセンサーやアクチュエータなどを含めた、地球上の物理的空間に展開するノンコンピュータ機器がインターネットシステムにつながることを意味しています。家庭内の冷蔵庫やガスメータ、屋外の車や自動販売機、さらには店舗で販売される商品、ペットや人間が身につけるデジタル機器……あらゆる場所に設置されたセンサーなどの微小デバイスがインターネットに接続される世界です。

もともとインターネットとは、遠隔に存在する高価な計算機を用いて、ある作業を支援するための計算処理を実行することを目的として研究開発されたものでした。それがほとんどすべてのデジタルデバイスを相互に接続して、そして物理的空間と融合するネットワーク環境へと進化しようとしています。このようなネットワーク環境では、デジタル情報が六つの過程（生成・取得・伝達・分析・加工・共有）を通じて、私たちの生活の隅々にまで関わりながら、その活動の効率化や高機能化を図るとともに、そこから新サービスが創造されることになるでしょう。

2――情報革命が社会・経済に与えるインパクト

「第三の波」を具現化するインターネット

一九八〇年に出版されたアルビン・トフラーの『第三の波』[7]（*The Third Wave*）では、二〇世紀の終盤に、人類は「情報革命」（脱工業化革命）という第三の波を経験すると述べられています。そこでは、人と組織が持つ「情報」（Intellectual Property）の価値が重要性を増し、国家に対してグローバル性を持った組織が出現する。そのなかで、生産物と副産物が必ず次の生産のインプットになるような新陳代謝の高いシステムが進展していくことが示唆されています。さらに、第一の波である「農業革命」、第二の波である「産業革命」を過去に経験し、いま押し寄せている第三の波である「情報革命」では、第二の波の特徴、つまり「規格化、分業化、同期化、集中化、極大化、中央集権化」に対する変革がなされると分析しています。
筆者は高校三年生のときにこの本を読み、一〇年後の一九九〇年に米国ニュージャージ州ベルコア社で第三の波を具現化するインターネットに出会いました。以下に、インターネットに関係すると思われる第三の波の特徴を挙げます（第一、第二の波もあわせて示します）。

［第一の波　農業革命］
・狩猟採集社会・文化を農耕社会・文化が置換
・狩猟（略奪・搾取）から生産（栽培・創出・育成）へと変革

［第二の波　産業革命］
・大量生産、大量流通、大量教育、マスメディア、大量のレクリエーション、大衆娯楽、大量破壊兵器など、集約化による効率化・経済化の進展
・規格化、分業化、同期化、集中化、中央集権化などによって、官僚制と呼ばれる組織スタイル（調整役としてのスーパーエリート層）が登場
・科学・技術の万能性への崇拝

7　『第三の波』…アルビン・トフラー『第三の波（*The Third Wave*）』（日本放送協会、一九八〇年）。

［第三の波　情報革命（脱工業化革命）］
・「画一的で巨大組織論的な文化・社会・産業活動」を「多様性と自律性を持つ小規模組織論的な文化・社会・産業活動」が置換する
・多種多様な規模・性質・目的・ビジネスモデルを持つグローバル組織・多国籍組織が登場、国家との軋轢が顕在化する
・少数マスメディアが崩壊し、多様な小規模メディアが登場する
・活動単位は、動的並行的多様化が加速し、その形態は常に迅速に変化する
・「情報」は物理的資源の大部分を代替することができるようになる。たとえば、通勤の代用としての通信（＝在宅勤務）は、時間とエネルギーの節減に貢献する
・安価で個性のある製品をある特定のニッチに対して提供可能になる
・生産者（プロデューサ）と消費者（コンシューマ）のギャップは技術によって埋められ、「プロシューマ（生産する消費者）」は自身のニーズを満たすことができる手段を手に入れる
・化石燃料系は、太陽エネルギーなどの再生可能・分散型小型エネルギーに置換される
・生産アウトプットと副産物が必ず次の生産のインプットになって、廃棄物や公害が出ない新陳代謝性能が高いシステムが登場する
・経済的利益に加えて、生態環境（エコロジー）や社会の持続性のための環境対策、倫理性、道徳が企業に要求される

まさにインターネットの登場は、「グローバル組織・多国籍組織」の登場を促し、「多様性と自律性を持つ小規模」なコミュニティを創生しました。それまでの国家の枠組みとその法律によって境界があった状態に変革がもたらされ、グローバルな「文化・社会・産業活動」が加速化されました。

また、「少数マスメディアが崩壊し、多様な小規模メディアが登場する」というように、インターネットによって、テレビ・新聞・出版のようなマスメディアが変化を余儀なくされ、ウェブ上には多様な情報を提供する組織や個人が現れています。そのほか、「通勤の代用としての通信」は在宅勤務を可能にしており、製品が「ニッチに対して提供可能になる」ことはロングテール・ビジネスを指しています。

さらに、「プロシューマ（生産する消費者）」の登場については、一般ユーザがデジタルコンテンツを生み、それらが流通する消費者生成メディア（CGM）の状況を見れば明らかでしょう。そして、「廃棄物や公害が出ない新陳代謝性能が高いシステム」や「生態環境（エコロジー）や社会の持続性のための環境対策」などは、たとえばスマートビル、スマートシティに代表されるような社会・産業インフラが、ICT化によって少ないエネルギーで高機能な環境を作りだすことで、その実現に近づけるかもしれません。

情報が価値を持つ時代

三つの波の到来にともなって、社会で価値を持つ対象が変化しました。第一の波では「肥沃な気候・土地の所有」、第二の波では「エネルギーと流通」、第三の波では「情報・知識・知恵の蓄積拠点」がそれぞれ重要と見なされるようになります。

［第一の波　農業革命］
「肥沃な気候・土地の所有」が覇権を握るポイント
［第二の波　産業革命］
工業資源を持つ土地と生産・流通の利便性の高い拠点、すなわち「エネルギーと流通」が覇権を握るポイント
［第三の波　情報革命］
「情報・知識・知恵の蓄積拠点」が覇権を握るポイント

これはジャレド・ダイアモンドによる人類の覇権の歴史を分析した『銃・病原菌・鉄』[8]における議論とも似ています。そこでは、「農耕・家畜」、「工場・物流」、「インターネット・コンピュータ」というキーワードで表される時代の変遷が述べられています。それぞれ次のような特徴を持っています。ちなみに、二つ目の「工場・物流」の時代以降、社会的に価値あるものとして情報（＝知恵・知識）が着目されています。

1　農耕・家畜

「採取・狩猟」が「栽培・飼育」へと変化し、定住化・集落化が発生した。その結果、新しい病原菌が集落に発生し、その免疫が作られた。この免疫を持たない領域が侵略戦争において敗退した。

2　工場・物流

師匠と弟子の間で継承されてきた秘密の知恵・知識が、ルネッサンスの過程で、それ以外の人々に共有されるとともに交流が促進されるようになった。その結果、それまでの常識が否定され、新しいものを生む弁証法的発展（アウフヘーベン）が大事であると広く認識されるに至り、工場・物流の発展を促した産業革命へとつながった。

3　インターネット・コンピュータ

「国家」と「物」を基本に構築されたシステムが、「グローバル」と「コード」を基軸にしたシステムへと移行している段階にある。特に、企業は国家の境界内で閉じたものではなくなり、国境を越えたグローバルな組織を形成しつつある。結果として、国際経済からグローバル経済へと進化した。

また、「物」という物理的財産から「コード」という知的財産へと価値が急激に移行していく。

8　『銃・病原菌・鉄』…Guns, Germs, and Steel: the Fates of Human Societies, 1997. 邦訳は、ジャレド・ダイアモンド『銃・病原菌・鉄——一万三〇〇〇年にわたる人類史の謎　上・下』（草思社、二〇一二年）。

コードは、狭義には設計図やデザインやアルゴリズム、あるいはこれを実行するためのプログラムを指すが、広義にはそれらを含めた考え方、戦略、戦術、文化を含むものである。この広義のコードが価値の主体として認識されつつある。

ここで示されるように、「工場・物流」の時代のルネッサンスには、情報(知恵・知識)が早くも重要な役割を果たし始めます。師匠と弟子以外にも情報がオープン化されることで、新しい知恵・知識のさらなる創造を呼び、結果として産業革命が誘導されたと捉えられるでしょう。そこではインターネットがもたらした、閉域システムから開放システムへの変革と同様のことが起こったと言えます。「インターネット・コンピュータ」の時代には、国境を越えたグローバルな組織や経済を形成するために、インターネットという情報網が欠かせなくなっています。加えて、物理的に扱う「物」よりも、その設計や制御を行うアルゴリズム、それを含んだ考え方や文化といった知的財産(=情報)のほうが高い価値を持つという認識に変化していることが指摘されています。

情報と権力の歴史

『第三の波』でいう「情報革命」(第三の波)の時期には、特にインターネットによって情報のアウトリーチ(到達)できる領域が劇的に拡大されました。それまで多くのビジネスは、「パレートの法則」から導かれる考えのもとで構築されていました。すなわち、市場の二割が経済原理的に顧客化可能であるが、残りの八割は必要とされるコストが大きく、現実的には顧客化することが困難な領域である、というものです。ところが、インターネットによって潜在顧客へのアウトリーチコストは低減され、それまで顧客化できなかった八割の潜在顧客の実顧客化が可能となり、ビジネス構造が大きく変化したのです。

これが「ロングテール・ビジネス」であり、米国アマゾン社が大成功を収めた根本的な理由と言えるでしょう。インターネットを利用したビジネスが成功するうえで、商品の流通システムの効率化も必要ですが、このアウトリーチコストの削減こそが、きわめて重要な要因であると考えられます。

インターネットの普及によって情報のアウトリーチコストが革命的に低減されたことで、企業はこれまで不可能とされていたロングテール領域を顧客として取り込めるようになりました。とはいえ、じつは同様の社会・経済的な変化は過去にも起こっています。これまで「情報のアウトリーチできる領域」の拡大がいかに行われ、その影響がどうであったかを振り返ってみましょう。

まず、『第三の波』でいう「農業革命」は、人々を定住化させて集落を作らせた後、都市の形成へと向かわせます。その過程で人類はほとんどの地域で王政を立てました。王政では、知恵・知識（＝情報）は権力側に集中し、一般民衆には伝搬しません。知恵・知識を広く共有する方法は存在しなかったからです。これによって権力者による統治が容易になっていました。

この状況に変革をもたらしたのが、印刷技術と言えるでしょう。知恵・知識を記した書物をそれまでに比べて大量に複製し、安価に流通させることを可能にしました。それまで権力階級に局在していた知恵・知識だけでなく、さらに統治の実状なども権力階級以外の市民層に広く知られるようになりました。そして起こったことは、歴史が示す通り、王政の崩壊あるいは民主主義の台頭です。「情報のアウトリーチできる領域」の拡大が、政治のシステムを変化させたわけです。

また、二〇世紀のソビエト連邦の崩壊も、「情報のアウトリーチできる領域」の拡大が大きな原因と考えられます。冷戦期には、国境を越えた情報通信は容易でなく、グローバルで自由度を持った情報通信インフラは存在していなかったと言ってよいでしょう。電波を使うテレビ放送やラジオ放送は、国境に近い場所では隣国のものを視聴できましたが、一般的には、他国のテレビ・ラジオ放送を視聴することは困難でした。こうした情報通信の環境が冷戦の末期に向かって大きく変化します。情報が国境を超えるための障壁がだんだんと低くなり、さらに当時登場したインターネットによって、通信の遮断が決定的に困難になりました。その結果、資本主義社会と社会主義社会の実状が双方の市民にも明らかなものとなり、最終的にソビエト連邦の崩壊へとつながったのだと考えられます。

情報と富の歴史

経済の世界では、「情報のアウトリーチできる領域」の拡大でどのような影響が出るのでしょうか。情報を伝達共有する手段が乏しい時代は、経済に関しても情報が特定の人々に集中していました。たとえば、情報を広く行きわたらせないことによる物流の制御は、情報を持つ者に莫大な利益をもたらしました。現在でも同様の状況は日常的に起きていることです。情報の局在化は、その情報にアクセスできる人や組織に利益をもたらす潜在的価値を創出するわけです。

したがって、「情報のアウトリーチできる領域」が変化すれば、それに応じてビジネス構造も変容します。このように見てくると、いま推進されているビッグデータやオープンデータがビジネスに与えるインパクトをしっかりと考えておいた方がよいかもしれません。

自律・分散・協調のシステム

現在のインターネットは、次のような統治（ガバナンス）の要件を維持しています。そのことで、各ユーザが自律的で分散的な投資を行い、結果としてグローバルな規模の相互接続システムが形成されると言えます。

［要件］

1 自由に流通・利用できるデータ通信
2 One for All, All for One による全体と個の双方向性
3 新しい技術・サービスの導入が継続可能なアーキテクチャ

インターネットの黎明期には、このような統治の要件が十分に満たされていました。それぞれの研究組織は自身の内にコンピュータネットワークを構築し、さらに自身のコンピュータネットワークが、その他の組織のコンピュータネットワークと通信できるように回線を導入しました。そして、この通信回線の費用を負担するにもかかわらず、自身以外の組織間でのデータ通信、つまりデジタル情報の小包（IPパケット）を中継することを無料で引き受けたのです。それによって、すべての組織の間でのデータ通信（＝インターネットにおけるデータ通信）が実現されました。特定のデータ通信サービス提供事業者

に依存しなくてよくなったわけです（要件1）。

他の組織間でのデータ通信に必要なデジタル小包の中継は、直接的には自身の利益にはなりません。とはいえ、インターネットそのものの利益になるので、結果的に隣接する組織との通信回線の費用を負担するだけで、自身のコンピュータがインターネット上に存在するすべてのコンピュータとデータ通信できる環境になったのです。各組織によるローカルな投資が、インターネット全体のサービスにつながり、その規模の拡大に貢献したということです。こうした協調（相互支援）によって自分の利益、かつ社会の利益が実現しました（要件2）。

さらに、自律かつ分散した組織で構成されたシステムなので、新しい技術の導入にあたって、その時期や費用の確保などは各組織の状況に応じて行われました。全体のインフラを提供する特定の組織は、必要とされなかったわけです。したがって環境の変化への対処も、各組織が事情に合わせて最適な仕方を考えて、多様に試行されてよいものでした。そのなかで、より適切な対処方法が生き残っていったのです（要件3）。

ここに示されるように、インターネットが堅持している根本的な特徴を端的にいうならば、「自律・分散・協調」になるでしょう。全体を統合する中枢を持たず、自律的に行動する各ユーザが分散しながらも、相互支援によって協調して全体のシステムが機能しているのです。

社会・産業インフラのエコシステム

このようなインターネットの自律・分散・協調システムは、「エコシステム」として発展の可能性を持っています。一般にエコシステム（生態系）とは、食物連鎖など生物の間の相互関係と、生物と無機的環境（水、大気、光など）の間の相互関係を総合的に捉えた生物社会のまとまりを示す概念です。エコシステムは周辺の状況などにより変化しますが、その生態系のなかで互いに働きかけて安定化する性質を持つとされています。

ここで、このエコシステムをビジネスの領域で考えてみます。その場合、ビジネス活動で互いに関係する企業・組織が競争と協調を行うことで、利益とイノベーションを創出する、かつ変化を生みながら形態を安定化させていくことを意味するでしょう。同じように、インターネットを含む社会・産業インフラに当てはめることもできます。そしてエコシステムとしての社会・産業インフラであるならば、次のような特性をおそらく満たすと思われます。

1　自立性（Independent）
2　自律性（Autonomous）
3　交流性（Interaction, Interoperability）
4　適応性（Adoptability, Agility）

これらの特性を備えたものには、インターネットの他にも、交通システムや物流システムなどに幅広く見られます。つまり、「自立」・「自律」した組織がその関係する組織と「交流」しながら利益活動を行い、リスクやトラブルに対してシステム全体で「適応」できるインフラ整備に貢献するわけです。したがって、これからの社会・産業インフラの構築でも、過去に作られた優れたものに倣うべき点は大いにあると考えます。さらに加えていえば、そこでは個人のために行った投資が、社会・産業インフラ全体のサービスの向上につながり、それによって個人が享受できるサービスも向上するという「正の帰還」の仕組みが成立しなければなりません。

グローバルな範囲まで広がった「地産地消」

二一世紀の社会・産業のインフラ基盤が創造されるためには、情報通信システム（サイバー空間）と現実の社会（実空間）との融合が必須となります。そして、これまで述べたように、インターネットとモノとの連携も進んでいきます。そうなると、実空間に存在するモノ（Things）の「状態の把握＝センシング（Sensing）」と「制御＝アクチュエーション（Actuation）」を設計して実装する仕方が重要になってきます。人とモノと情報が相互に作用する時代では、それによって社会・産業の活動全体の効率が決定されるからです。

さらに、この社会・産業の活動を支えるインフラは、次の二つの段階を経験すると思われます。そして、さらなるエコシステムへと進化するのではないでしょうか。もちろん、そこにはインターネット・バイ・デザインの考え方が導入されています。

〈第一段階〉

災害発生時にあっても、社会・産業インフラは活動を継続するために、地産地消による自立可能なシステムを構築しなければならない。その上で、外部のインフラと連携する仕組みを実装し、自律分散的でローカルなインフラを形成する。この段階ではまだ、必要とされるサービスを提供するローカルなサービスプロバイダ（インフラ提供事業者）に依存して、社会や産業の活動が行われることが一般的である。

〈第二段階〉

次の段階として、第1章1、7、10節で議論したように、社会・産業インフラの透明性が進められなければならない。同時にインフラの実現に必要なハードウェアやソフトウェアがより安価で容易に提供される。その結果、サービスプロバイダ（インフラ提供事業者）に依存せずにインフラが構築される形態に移行していく。

この段階になると、各組織（企業など）が自身で構築したインフラ設備を用いて、地理的に分散していた事業所を相互接続するという形態が登場する。そして自身の組織のインフラへの投資が、自身の組織のインフラのみならず、ローカルおよびグローバルな社会・産業インフラの活性化にまで貢献することになる。そして自身への投資が社会全体への貢献となり、結果的に自身の利益となって返ってくるという「正の帰還」が実現する。こうしてWin-Winの関係にあって、「ソーシャル性を持つインフラ」へと進化することが期待される。

社会・産業インフラが第一段階から第二段階になるにつれて、多様なサービスにおいて組織や個人が互いに協力するようになり、そこでギブ・アンド・テイクの関係が強化されます。それこそがエコシステムの形成です。しかもギブ・アンド・テイクを生産と消費になぞらえれば、グローバルな規模にまで広がった「地産地消」システムが創生される可能性もあるのです。

イノベーションを促進するオプト・アウト

インターネットでは自由であることを尊重して、「制限をしない」を初期値（＝スターティング・ポイント）としています。しかし、問題が発生した場合には、例外的に機能を制限することを基本方針としています。これは「オプト・アウト」と呼ばれ、「例外的にｘｘの機能を制限する」というものです。それと対比して「オプト・イン」があって、こちらは「例外的にｙｙの機能を許容する」というものです。

インターネットの世界では、一般的にオプト・アウトがめざされます。新しい挑戦をする場合、それが成功するか失敗するか分からないが試みて、見通しが得られるならば積極的に促進し、問題を解決して、イノベーションを実現する。つまり、入り口はオープンに開けて、問題があるものだけを選択的に閉じるという方法です。

北米の社会では、原則としてオプト・アウトの考え方です。基本ルールは可能なかぎり緩くしておいて、問題が発生した場合には、個別の事柄として裁判などで扱い、新たな規制をなるべく作らない。このような仕方が広く運用されています。他方で、欧州の社会ではオプト・インに近い考え方です。事前に詳細な規制を作る傾向にありますが、実際にはこの規制が守られなくても問題にしない運用を行う場合が多いようです。

このように、北米と欧州では正反対の考え方にもかかわらず、双方の間では個人情報保護に関する規制である「セーフハーバー原則」[9]の運用に関して、「セーフハーバー条項」[10]と呼ばれる合意がとられており、個人情報のやり取りが互いに可能となっています。

それでは日本はどうでしょうか。この国が決められた規制を厳密に遵守する文化であることは周知の通りです。したがって、欧州のようなオプト・イン型の規制が決められると非常に窮屈に運用されてしまい、本来実現したいような積極的な挑戦が抑圧されてしまう場合が少なくありません。個人情報保護法は、その典型的な事例と言えます（これについては第4章で詳しく述べます）。

ところで、オプト・アウトは、エンド・ツー・エンドの考え方に大きく影響されています。サービスの品質の確保は、ネットワークのエンドにあるユーザが責任を持つ、という考え方の裏を返せば、ネットワークは透明性を持ったデータ転送サービスを提供するだけでよいということです。そして結局はエンドのユーザの挑戦の機会を担保することにつながり、イノベーションの可能性を向上させるというわけです。

このようにインターネットで広く適用されているオプト・アウトの考え方は、エンド・ツー・エンドによって堅持されている「透明性の確保」に直結しています。それに対して、オプト・インの考え方の

9　セーフハーバー原則…一九九五年に欧州連合（EU: European Union）が制定した個人データに関する保護規定で、「個人データに関する十分なレベルの保護が行われていない第三国への個人データの移動を禁じる」という原則。

10　セーフハーバー条項…一九九九年に米国商務省とセーフハーバー原則を担当する欧州委員会によって合意が成立。米国は欧州の定めたセーフハーバー原則を満足するような十分な個人情報の管理と保護を行うこととする。

場合、初期状態がブロックされた「不透明な状態」となるのです。初期状態を「透明な状態」にするために、オプト・アウトが適用されるべきと筆者は考えています。

農業の未来――知的財産の重要性

インターネットに代表される情報革命（第三の波）が、社会・経済に与えるインパクトを見てきましたが、当然ながら第一、第二の波で革命がもたらされた農業、工業にもさらなる影響を与えます。言うまでもなく、情報はあらゆる産業に関わるからです。以下では、農業と工業という情報産業以外の分野の変革について見ていきます。

まず農業に対する影響ですが、一つ目はセンサー（＝計測による情報把握）やアクチュエータ（＝制御）を用いた生産現場のスマート化です。たとえば、ビニールハウスにさまざまなセンサーを設置して、農作物の品質を向上させて、収穫量の増加を実現しようというものです。これは生産設備の効率化であり、第一次産業（農業）の生産現場の第二次産業（工業）化と捉えることもできます。

具体的には、「浦霞」で知られる、仙台の日本酒製造業・佐浦での話が挙げられます。杜氏が高齢化し、跡継ぎが見つからない状況になったので、日本酒の製造工程をデジタル化するために、製造所にできるかぎりセンサーを設置することでコンピュータ制御による工場に作り変えました。その結果、品質管理と大量生産の能力を獲得し、「浦霞」は全国区のブランドに成長したわけです。これはＩＣＴ技術を適用することで、生産サイトを第一次産業から第二次産業へと変身させた事例となります。杜氏の技術のデジタル化が生産工程の再現を可能にし、日本酒製造工場としてのＢＣＰ（事業継続計画：Business continuity planning）の実現に大きく貢献したことは容易に想像できます。同様のことは、ワインでも起こっています。米国カリフォルニア州のワイナリーは、ほとんどが化学工場のような構造となっており、すでに第二次産業の生産サイトとして稼働しています。そのほかバイオ・ケミカル技術やＩＣＴ技術を投入して構築される植物工場は、スマート農業の典型的な事例と言えます。

二つ目は、農作物の流通システムの変革です。ＩＣＴ技術が利用されるとともに、農作物を自由に流通させる法整備が行われた結果、第二次産業と同等の流通経路が生まれ、あるいは第二次産業と統合化されたものができつつあります。

三つ目は、農業自体のデジタル化です。生産サイトのＩＣＴ化によって、生産方法や設備に関する知的財産の価値が高まり、それが生産性と経済性を決定する主な要素になり始めています。さらに、遺伝子技術などを生かしたバイオサイエンスの導入は、農業において知的財産の創出がますます重要な課題となりつつあることを示しています。

工業の未来――地理的トポロジーからの解放

次に工業に対する影響を見ましょう。一つ目は、工場のスマート化です。農業で起こっていることと基本的に同様で、センサーとアクチュエータの導入によって製造工程の効率化が図られ、熟練工によって行われてきた製造管理がコンピュータ制御に変わりました。ＩＣＴ技術の導入で生産サイトの機能が高度化するとともに、デジタル化によって製造工程の再構築が行われ、工場のＢＣＰも向上しました。さらには、少子高齢化による人手不足が起きるなか、当面の対策でも貢献が可能となります。

二つ目は、３Ｄプリンタやマイクロファブによる生産・流通の構造の変革です。３Ｄプリンタは設計図があれば場所を選ばずに生産できる装置であり、マイクロファブは半導体チップ製造を小規模の工場で実現しようとする設備です。現在、製品を作り上げるための物理的工場は、中国や東南アジアといった安価に稼働できる地域に移転されていますが、これらの技術に基づいたビジネスが進展すれば、生産・物流の地理的トポロジーを根本的に変えてしまう可能性があります。これも情報革命の第二次産業へのインパクトと捉えられるでしょう。

3――インターネットによる技術・ビジネス・インフラの変化

ステークホルダーの一つとしての国

すでに述べてきたように、インターネットの最も大きな特徴の一つがグローバルです。インターネット上では、国という物理的土地にバンドル（付属）された領域を越えて、情報が自由にかつ透明性を持ってやりとりされており、コミュニティや企業などの組織もさまざまに形成されています。それにともない、政治、経済、社会など世のなかを形づくる主な分野も急速にグローバル化の影響を受けています（ただし、政治のみが現在でも国に強くバンドルされる存在を保っています）。

こうした分野において、国を基本として構築されてきた二〇世紀型の統治（ガバナンス）システムは、国境を意識しないインターネットの登場によって根本的な変化を求められています。ビジネスの活動で利害関係が生じる企業や個人などを「ステークホルダー」と言いますが、インターネットでは、それよりも大きな範囲で企業や個人、コミュニティなどが数多く関係することを「マルチ（多数の）ステークホルダー」と呼びます。インターネットを前提にした社会・経済の活動の展開によって、マルチステークホルダーという考え方が一般化するようになったと思われます。そして実状としては、多数存在するステークホルダーのうち、一つの重要なプレーヤーとして国が含まれるようになってきています。

かつての冷戦時代でさえ、米国とソ連は経済的な関係を密接に築いていたため、単純に政治的な判断だけで国策を決められなくなっていました[11]。しかし、いまでは社会・経済の活動がグローバル化したために、国策を決定する際にこうした活動をますます無視できなくなっているのです。

ネットワークシステム行動の四つのモデル

筆者が二〇〇七年から二〇一〇年の三年間、ＩＳＯＣ（Internet Society）という国際的非営利組織の理事を務めていたとき、インターネットの技術とビジネス、そして統治原理に関して、今後のビジョンを議論しました。その結果出てきたのが、「ネットワークシステム行動の四つのモデル」（＝「図２－12コンテンツビジネスの四つのシナリオ」本書82頁）です。この図の横軸は「排他性・独自性」と「協調性・

11　米国とソ連は［…］決められなくなっていました…チャールズ・レビンソン『ウオッカ＋コーラ——米ソの経済ゲオポリティク戦略』（日本工業新聞社出版局、二〇〇七年）参照。

オープン性」、縦軸は「生存可能性」と「依存性・頑強性」を示していました。右上の「コモン・プール型」はインターネットに見られる典型的な形態で、オープンな自律・分散・協調のビジネス構造を持ちます。左上の「垂直統合型」はアップルやマイクロソフトのようなビジネス構造で、アプリケーション、コンテンツ、伝送基盤を垂直統合し、技術力を用いて顧客を囲い込みます。右下の「無秩序型」はグーグルやフェイスブックのようなオーバーレイやフリーライドのビジネス構造で、透明性のあるネットワークの上で自由なサービスが展開されます。左下の「規制保護型」は、保護主義的あるいは護送船団方式のビジネス構造で、規制によって競争が抑えられるとともに、外部からの影響も少ない環境で利益が保証されたビジネスが行われます。

このなかで、日本が成功するビジネスモデルはどのようなものでしょうか。まず規制保護型の環境で外部に対する競争力を養成して、それから他の型のビジネス構造に移行する、という戦略が一般的に考えられます。このようにビジネスを立ち上げるときは成功を考える必要があり、そうすると規制保護型あるいは垂直統合型にならざるをえません。いずれにせよ、ビジネスが成長していくなかで市場の大規模化と多様化に対応するためには、どこかで図の左側にある排他性・独自性から、右側にある協調性・オープン性へとビジネス構造を意図的に転移させる必要があります。

また、ビジネスの規模を拡大しようとする段階では、そのビジネス構造を水平分離に展開するだけでなく、そのためにシステム自体をモジュール構成にする必要が出てきます。そして、このような協調性・オープン性への動きは、企業の組織構造（事業部など）の改革にも適用されることが少なくありません。

排他性・独自性から協調性・オープン性へ

排他性・独自性から協調性・オープン性へと移行したビジネスモデルの例として、ソニーの開発による非接触型ＩＣカードのフェリカが挙げられます（第1章5節を参照）。このＩＣカードのビジネスは当初、垂直統合型の排他的なビジネス構造をめざし、その独自技術を用いたカスタマーロックイン（顧客との長期的関係の構築）で実現しようとしました。「無線の通信機能」と「データ処理機能」を持つこのＩＣカードの内部構造は擦り合わせ型となっており、それら二つの機能は明確に分離されていませんでした。しかし、市場の拡大が見えるようになると、無線通信は国によって利用可能な周波数が違っていたり、通信方式が違っていたりすることから、二つの機能を別々のモジュールに分けて水平分離したのです。これによって、多くの国で独自の無線の通信機能を提供できる企業が登場して、結果的に市場の拡大が果たされました。つまり、垂直統合型で立ち上げたビジネスを拡大させる段階で、そのビジネス構造をコモン・プール型に遷移させたわけです。

ソニーとしては、データ処理機能だけは排他的に扱いたかったのですが、結局はこれもオープン化したようです。ビジネスの立ち上げでは、独自技術あるいは擦り合わせの技術を用いて排他的なビジネス構造をめざしましたが、当初とは異なって多様なビジネス環境に展開できるようにして、オリジナルの技術の絶対的な競争力を持った部分を残しながら、グローバルなマーケットで広く採用されるシステムを作りだしたのです。

このように垂直統合型に水平方向のステッチを入れて上下分離する方法のほかにも、規制保護型に変化を施して、コモン・プール型あるいは無秩序型へと移行することに成功した例もあります。二〇一一年の東日本大震災の際、自動車の移動履歴を保存利用する高度道路交通システム（ITS: Intelligent Transport Systems）のデータを統合化して、道路インフラの状況をリアルタイムに把握し、見える化するというシステムが現れました。それまで自動車各社や物流事業各社は、道路上を移動する車両のさまざまな情報をオンライン化そしてデータベース化して、自社の顧客専用として渋滞情報などを提供したり、自社業務の効率化を行っていました。とはいえ、こうしたサービスでは、各社が個別に排他的なシステムを構築するのが一般的だったのです。技術的にはＷＩＤＥプロジェクトが中心になって標準化したデータ仕様や通信方式が用いられていましたが、システムとしては相互接続されないフラグメント（断片化）されたものが動作していました。しかし震災発生時に、これら各社のデータを統合化すれば、さらに詳細な道路状況が把握できると判断されたわけです。幸いなことにデータ仕様が標準化された共通のものだったので、フラグメントされていたシステムを容易に統合することに成功しました。

このように、ポリシーの違いが理由で相互接続されていないシステム同士でも、共通の技術を利用していれば、規制保護型からコモン・プール型あるいは無秩序型への移動は、非常に小さい作業で対応できるのです。したがって、どのような場合でも技術面に境界が存在しないようにする努力がつねに必要なのです。ポリシーはローカルにならざるをえませんが、少なくとも技術は透明性を持ったものになるように、グローバルなレベルで議論されるべきでしょう。

協調性・オープン性からの新規ビジネス

一般的には、図2-12の左側（規制保護型と垂直統合型）からビジネスを立ち上げるのがセオリーなのですが、現在のインターネットでは、すでにグローバルな規模で透明性のあるプラットフォームが形成されたので、無秩序型から開始することも可能になりました。それがグーグルやフェイスブックです。ともあれ、インターネットで展開される各種のサービスは、この四つの領域を遷移しながら栄枯盛衰を繰り返していると言えます。

インターネットが登場する以前、それまでの情報通信システムというのは各国で通信網が構築され、それが国際ゲートウェイで相互接続される運用の形態でした。そこで相互接続のルールは、二国間で決められていました。したがって、国の境界が明確に存在する国際ネットワークであり、連邦型の構造だったわけです（第1章の図1-1を参照）。ちなみに、そのルールを決めるときに参照されたのが、国際電気通信連合（ITU: International Telecommunication Union）による各国間の標準化と規制の仕方です。このITUは一五〇年ほどの古い歴史を持ち、一九二〇年に発足した国際連盟が作られるときにも、その組織の構造が参考にされたと聞きます。

他方、インターネットは、「ネットワークのネットワーク」と言われているように、その構造は連邦型ではなく、結果的にはフラットなプラットフォーム型になっています。相互接続される自律的ネットワークは、最初から国境を意識していません。このようなグローバルに展開された自律的ネットワークが、ネットワーキング（相互接続）されて、世界で唯一の The Internet が構築されたのでした。そういうわけで、個人や組織はグローバルなコミュニティを自由に作ることができ、誰もが参画・離脱することが可能になりました。そこには共通したルールに従うだけで、複数のコミュニティに関与できる環境が提供されているのです。しかし、このようなグローバルな環境が、物理的な土地を前提に活動する国（政府）との矛盾や軋轢を発生させていることも、やはり認識しておかなければなりません。

電電公社の分割・民営化

さて日本国内で代表的な社会・産業インフラを取り上げて、インターネット・バイ・デザインの観点から、そのビジネス構造の変遷を考察してみましょう。一つはかつて国営インフラであった「電信電話システム」、もう一つは垂直統合型によって地域独占の事業形態を作った「電力システム」です。

まず電信電話システムですが、従来は国営で運用されていたところ、一九八五（昭和六〇）年に公衆電気通信法が電気通信事業法に改正され、国営の黒字事業であった電電公社の民営化、電気通信事業への民間企業の新規参入、および電話機や回線利用の自由化が認められました。第1章で述べたように、米国連邦通信委員会（FCC）が提唱した「ネットワークの中立性」のいくつかのポイントが、日本でも適用されたと考えられます。

一九八七年になると、第二電電、日本テレコム、日本高速通信の三社が長距離電話サービスの事業を開始しました。その際には、電電公社の移管先である日本電信電話株式会社（NTT）は、圧倒的な市場支配力（＝ドミナント性）を持ったために、非対称規制や禁止行為規制などが設けられました。これらは、一つの企業が市場を支配するという不健全さを排除して、競争原理が働くようにするため、新規参入と新しいサービスへの挑戦を誘導することを目的としていました。

ＮＴＴについては一九八四年からその分割に関する検討が長期間にわたって行われ、一九八八年のＮＴＴデータ、一九九二年のＮＴＴドコモの設立を経ながら、一九九九年にＮＴＴ本体が、持ち株会社と長距離会社としてのＮＴＴコミュニケーションズ、地域会社としてのＮＴＴ東日本とＮＴＴ西日本という水平分離と垂直分割を組み合わせた体制に移行しました。ドミナント性を持った巨大企業を機能と地理の観点から分割することで、新しい事業者が市場参入するときの障壁を低くしたわけです。さらに、ＮＴＴの通信線の公正な利用のルール（電話機や回線利用の自由化）が進められました。これは米国における州際通商委員会（ＩＣＣ）が鉄道事業における線路事業と列車サービス事業の上下分離[12]を行ったことにあたります。

ＮＴＴの通信線の公正な利用のルールについては、二〇〇〇年に打ち出されたe-Japan戦略のなかでも徹底して実行されており、日本が急速にブロードバンドインターネット環境を整備することに成功した一因とも言えます。

というわけで、新たなルールの施策によって、誰でも新規参入してビジネスができて、ＮＴＴ以外の事業者のサービスを人々が選択できるという環境が生まれました。その延長として、インターネットサービス事業や携帯電話事業における競争環境も、現在のように実現されていったのです。

12　米国における［…］上下分離…堀雅通「鉄道の上下分離と線路使用料」『高崎経済大学論集』第四七巻、第一号（二〇〇四年）四五―五七頁。

次に電力システムの変遷を見てみましょう。日本における電力会社の多くは、いくつかの事業者の自営システムから始まりました。まず各事業者が発電システムを構築して、それらが買収・統合を繰り返して、発電と送電と配電のすべての事業を行う電力会社が登場してきたようです。つまり、電力会社の起源は国にあるのではなく、民間にあったわけです。最初は、自分で電気を作って消費するという自給自足の事業者からスタートします。そして余った電力の小売りが行われるようになると、それらを集約して販売を目的とした事業者が登場します。それによって、多くの事業者が効率の悪い自家発電をやめ、電力を購入するようになったのです。

このような電力事業の集約化と効率化は、インターネットのクラウド環境を利用した、ＩＴシステムの「Off-the-Premise（＝事業所外化）」と同じ現象と考えることができます。その反対には「On-the-Premise（＝事業所内化）」という現象がありますが、これはユーザ側での設備投資の効率がクラウド環境を利用するよりも向上するようになれば、揺れ戻し（回帰）となって起こるでしょう。同様のことは今後の電力産業にも言えて、自家発電の効率の向上にともない、それに回帰するかもしれません。なぜなら、かつて電力システムが自律・分散・協調と双方向性を持っていて、いまもその可能性がないとは言い切れないからです。

また戦後、「電力の鬼」として知られた松永安左ェ門氏は、「送発電一致」「多様な発電源の開発」そして「広域電力連携と地域独占」を民間企業によって実現することを提唱していました。このうち、多様な発電源の開発は、インターネットの特徴の一つである「選択肢の提供」に対応します。そして、その実現にはエネルギーの抽象化と保存機能が必要になりますが、これはインターネットにおける「デジタル化という抽象化」と「バッファ機能」に一致するものです。現時点では、エネルギーの抽象化はやはり電力が最も有力ですし、その保存機能は蓄電池ということになるでしょう。

ところで、社会・産業にとって欠かせない電力システムは、一九三九年に戦時体制として国家の管理下におかれました。戦後の一九五一年になると、民間会社としての九電力体制（のちに沖縄電力が作られ十電力体制となる）が作られて、それが現在にまで至っています。なお、一九六〇年代から日本では原子力政策が進められ、電力会社に対する国の影響の度合いは急激に増加することになりました。[13]

このような過程を経て、電力会社には地域独占が認められた代償として、電力の安定供給が義務づけられました。電信電話システムにおいて、NTT東日本とNTT西日本の地域会社が承認されましたが、ただし非対称規制と禁止行為規制が義務づけられたことに似ています。ちなみに、電気料金は「総括原価方式」という仕方で計算されています。そのような特別な計算方式を用いる目的は、戦前では電気事業者が度を越えた利潤をとらないように事業経理の内容を国が把握して、健全な金額にコントロールすることでした。しかし戦後では、何よりも電力の安定供給が重視されて、そのために各社が十分な設備投資を行えるようにすることに変化しています。[14] 設備投資に伴う減価償却費も総括原価に算入されたう

13 一九六〇年代から［…］なりました…加藤寛『日本再生最終勧告――原発即時ゼロで未来を拓く』（ビジネス社、二〇一三年）。

14 電気料金は、「総括原価方式」［…］変化しています…谷江武士「電力会社における総括原価方式――原子力発電を関連して」『名城論叢』二〇一三年三月、二四三―二五三頁。

えで小売り電気料金が算定されるので、確実に設備投資の減価償却費も回収できます。そして、「適正な」設備投資が行われるように、その情報は国から審査される仕組みになっています。

これまでの電力会社は、道州制に近い範囲での地域独占となっていました。すなわち、自治体よりも大きく、国よりも小さい範囲で事業をしていたのです。従来の電力システムは、連邦型のネットワークであり、インターネットが登場する前に存在した国際電話システムに似た体制として考えられます。現在、電力業界で進行しつつある自由化の流れは、電力会社が地理的境界を超えるシステムをめざしており、その方向に加速するのではないでしょうか。そのときに、インターネットに見られるようなグローバルなプラットフォームを統治するための議論が電力システムでも行われるかもしれません。そこでは、既存の電力会社、新規参入者、消費者、そして国がマルチステークホルダーとして適切に連携し、迅速な意思決定を行うプロセスを確立するにはどうすべきか、それが問われるでしょう。

4——インターネット・バイ・デザインの七つの要素

本書では、インターネットの設計思想に基づいて、社会や産業のシステムを構築することを「インターネット・バイ・デザイン」と呼んでいます。これまで述べたことから、インターネット・バイ・デザインの特徴的な要素をまとめてみます。以下の七つが挙げられます。

グローバルで唯一のネットワーク

インターネットは国境などの境界を意識せずに「グローバル」に相互接続されるもので、地球で「唯一のネットワーク」と言えます。

選択肢の提供

インターネットの本質は「選択肢の提供」にあります。そのためには、モジュール間でインターフェースの共通化（＝標準化）が必要となり、こうした技術の標準化によって、Co-Opetition（Cooperation と Competition を統合した造語）の状況が作り出されます。すなわち、協調して新しい市場を創造し、そこで公正で自由な競争が行われるようになるのです。

動くものの尊重

選択肢の提供に資するには、技術の最適化を意図的に行わず、多様なモジュールを導入できる環境が保持されなければなりません。さらに、「動くものを尊重」しながら、システムのイノベーションを継続することを意識した設計が重要になります。第1章4節で述べたように、カオス理論における初期値鋭敏性（あるいは軌道不安定性）を念頭に置き、最初からシステム全体を精緻に設計するのではなく、動きながら・動かしながら順次修正を加えて、環境の変化に柔軟に対応させていくわけです。

最大限の努力（ベストエフォート）とエンド・ツー・エンド

「最大限の努力（ベストエフォート）」に基づいたサービスの提供によって、品質を保証しないにもかかわらず、逆に品質の向上が継続的に達成されるエコシステムが実現されます。最終的には、サービスの品質と機能を達成することは、各エンドのコンピュータの責任で行われます（「エンド・ツー・エンド」）。これによってネットワークにある機器は単純な機能だけを担う構造となり、システム全体の低廉化と大規模化が実現します。とりわけ大規模化のためには、この最大限の努力という考え方が必須のものとなります。

透明性

インターネットでは、情報を自由に発信することが匿名性によって確保され、その中味の加工も経路上で行われず、「透明性（Transparent）」を持った方法が維持されます。これによって利用者（ユーザ）と利用法（アプリケーション）を制限しないインフラが登場し、第1章7節で述べたように、「持続的な進化」、「非常時の耐性」、「マルチカルチャーの創成」が実現されます。

ソーシャル性と協調

誰もが自由に利用して、新しい活動（＝イノベーション）を行えるのが、インターネットの環境です。このような特質は「ソーシャル性」と呼ばれます。そしてユーザとアプリケーションを制限しないことで、新しい要因がシステムに継続して投入されます。その結果、個人の自律的投資が社会全体のシステムを向上させることに貢献し、かえって個人が享受できる機能・サービスが増大するという「正の帰還」が成立します。こうした「協調」（相互支援）が、個人かつ社会の利益の実現につながるわけです。

自立性・自律性・分散性

インターネットには、情報を一時的に保存するバッファ機能[15]が導入されたので、信号や処理のタイミングを合わせる同期をシステム全体で行う必要性がほとんどなくなりました。この非同期性によって、次の三つが実現されます。（a）自身のシステムが外部のシステムに影響されない「自立性（Independent）」、（b）、自身のシステムの構成や制御を決められる「自律性（Autonomous）」、そして（c）各々のシステムが広い範囲に存在しながら、自由に相互接続が可能となる「分散性」です。

このようなインターネット・バイ・デザインの考え方は、すでに他の分野のインフラで独自に実践されている場合もあります。たとえば、建築の業界で知られている「スケルトン・アンド・インフィル」

15　バッファ機能…旧世代の回線交換方式による電話交換機システムは、完全な同期ネットワークとして構築されて国ごとに存在していたが、バッファ機能とともに非同期性が導入されることで、自立・自律・分散の運用への変革を迫られた。同じことがいま、電力システムに起こりつつあって、バッファ機能（蓄電機能）の導入が供給側だけではなく需要側でも進んでいる。さらに小規模発電・創エネルギーシステムの設置・運用コストの急激な低下によって、自立・自律・分散が進行して、発電機能を都市部から排除するという、これまでの常識を覆した電力供給システムの構造になる可能性がある。

というシステムの構造が挙げられます（第5章参照）。そこでは、構成要素がモジュール化され、さらにオープン化によって入れ替えることができて、利用者や利用方法を制限しない設計になっており、インターネットと共通する原理が導入された建築物とコンプレックス（複合施設）のあり方が見られます。

また、流通や交通といった都市インフラでは、実際にインターネット・バイ・デザインに基づいて、各システムを相互接続してネットワーク化を行い、それによってグローバルな規模で支援し合う自律・分散・協調の構築がめざされています。企業や組織が自営のインフラに投資すれば、サービスを相互に提供し合う（＝互助）という関係によって、グローバルなインフラ全体にリッチなサービスが達成されることになるでしょう。そして結果として自営のインフラの利益となって返ってくる。こうした性質によって、自律的な投資の意欲がもっと生まれ、インフラ整備が加速されていくでしょう。私たちはいま、このようなソーシャル性を持った社会・産業インフラを創出できる時代を迎えているのです。

第4章——セキュリティとプライバシーを捉え直す

1——セキュリティと安全・安心

この章では、インターネット・バイ・デザインの考え方に基づいたセキュリティとプライバシーについて検討します。セキュリティやプライバシーを守るための施策はともすると、私たちの社会・産業の活動に制限を加え、萎縮させる方向に導くと思われがちです。しかし、インターネット・バイ・デザインの観点に立つと、セキュリティとプライバシーはイノベーションの持続を実現させるもので、参加者が主体的に意思決定や合意形成を行うためのガバナンス（統治）の仕組みであることが分かります。

セキュリティ対策とビジネスの関係

セキュリティ対策と聞いて、皆さんはどのようなイメージを思い浮かべるでしょうか。仕事をするうえで面倒で効率を下げるものだけど、怒られるから仕方なくやっている……。多くの人には、そんなネガティブなイメージを喚起させるかもしれません。あるいは、セキュリティ対策を風紀委員にたとえることもできるでしょう。風紀委員が常に見回って、みんな規則通りの服を着ているか、違反の行為をしていないかをチェックする。守られていなければ厳重に注意し、場合によっては生活指導の先生が叱る。そのせいで息苦しいものになってしまう……。セキュリティ対策とはそういうものだと感じている方も多いと思います。

しかし、それらのネガティブなイメージは、一つの面から捉えているに過ぎません。セキュリティ対策にも、「良い」と「良くない」があることを理解してほしいと思います。「良くない」セキュリティ対策は、「我慢・非効率・生産性減少」という方向に向かいます。これが前述のようなネガティブなイメージにつながります。他方、「良い」セキュリティ対策は、「のびのび・効率化・生産性向上」といった前向きな心を提供するものです。そして、この「やりたくなる」という前向きさは、インターネット・バイ・デザインの重要な要素となります。

もっとも、セキュリティ対策には基本的に道徳みたいな面があるのも事実です。道徳の遵守そのものは良いことですが、しかしなかなか利益に結びつきません。そこで利益を追求する組織では、セキュリティ対策は問題が発生しないかぎりサボりたくなります。これを解決するには、渋沢栄一が『論語と算盤』で唱えたような道徳とビジネスの Win-Win の関係を上手に作る必要があります。つまり、セキュリティ対策とビジネスが、積極的にスパイラル・アップしていく関係です。

では、セキュリティ対策をポジティブな方向に持っていって、ビジネスとの良好な関係を築くにはどうしたらよいか。それらを具現化する構造はどのようにすれば成立するのか。こうした点をふまえて、私たちはインターネットに関わる活動を持続させないといけません。以下では、そのためのセキュリティの捉え方を示していきます。

「安全」と「安心」

インターネット百科事典であるウィキペディアで「セキュリティ」を検索すると、次のような意味が書かれています。

セキュリティ：保安の事。犯罪や事故を防止するための警備全体を指す。

さらに「保安」を調べると次のような説明を得られます。

保安：身体や財産などを危険から守り安全な状態に保つこと。不慮の事故や天災から守る防災と、悪意ある人物や団体から守る防犯に大別される。

ここに「安全」と出てきますが、似た言葉で「安心」があります。これらはよく一括りにされて「安全・安心」と言われますが、この二つはどのように異なるのでしょうか。二〇〇四年に文部科学省がまとめた「安全・安心な社会の構築に資する科学技術政策に関する懇談会」[1]がまとめた報告書では、以下のように定義されています。

安全：人とその共同体への損傷、ならびに人、組織、公共の所有物に損害がないと客観的に判断されることである。ここでいう所有物には、無形のものも含む。世のなかで起こりうる全ての出来事を人間が想定することは不可能であり、安全が想定外の出来事により脅かされる可能性は常に残されている。そこで、リスクを社会が受容可能なレベルまで極小化している状態を安全であるとする。同時に、社会とのコミュニケーションを継続的に行う努力をすることにより、情勢に応じて変動しうる社会のリスク受容レベルに対応する必要がある。安全を高めようとすればするほど、利便性や経済的利益、個人の行動の自由等が制約され、プライバシーが損なわれる可能性がある。よって、安全性を向上させる際には、このようなトレードオフの関係を考慮する必要がある。しかしながら、より高いレベルの安全を実現するためには、安全と自由のトレードオフの次元にとどまらず、安全性と行動の自由やプライバシーを並立させる努力を続けることが重要となってくる。

安心：安心については、個人の主観的な判断に大きく依存するものである。当懇談会では安心について、人が知識・経験を通じて予測している状況と大きく異なる状況にならないと信じていること、自分が予想していないことは起きないと信じ何かあったとしても受容できると信じていること、といった見方が挙げられた。人々の安心を得るための前提として、安全の確保に関わる組織と人々の間に信頼を醸成することが必要である。

このように安全とは、損傷や損害がないと客観的に示されている状態をさします。これは第1章で述

1 「安全・安心な社会の構築に資する科学技術政策に関する懇談会」…安全・安心な社会の構築に資する科学技術政策に関する懇談会、「第2章　安全・安心な社会の概念」二〇〇四年四月。http://www.mext.go.jp/a_menu/kagaku/anzen/houkoku/04042302/1242079.htm

べた、電話に代表される通信の「保証型サービス」に相当します。つまり、あらかじめ設定された品質を提供することを保証したサービスです。客観的なサービスの品質の提示が、安全の状態を示していることにつながると言えます。

他方、安心は主観的なもので、予測と大きく異なる状況にならないと信じていること、何かあったとしても受容できる状況をさします。こちらは、インターネットの「ベストエフォート型サービス」と解釈できます。目標とすべきサービスの品質が課されず、「最大限の努力」で提供すればよいが、結果として提供者自身の得になるので、より高い品質が維持されるという仕組みです。この提供者に対する信頼のもとに成り立つサービスは、安心ときわめて近い発想にあると言えます。

セキュリティの五つの特性

このような前提のもとで、セキュリティが「安全・安心」を実現するという議論を行うには、セキュリティ自体が次の特性を持つことを再確認する必要があります。

(1) 完全性は保証されない

ほとんどの場合、セキュリティ対策では完全性を期待することはできません。どうしても、ある確率でインシデント（事件）は発生してしまう。問題なのは、むしろインシデントが起きたときの被害をいかに小さくするか、それを関係者が許容できる範囲にとどめられるかという点です。

具体的には、（a）インシデントの発生確率を小さくする、（b）インシデントの発生による被害を小さくする、（c）インシデントの影響（二次災害）を小さくする、この三点と言えます。

（2）ほとんどのインシデントは内部者が原因

一般的に、外部からの不正侵入者による被害の甚大さとその対策が強調される傾向にあるのですが、実態としては、外部から攻撃された被害よりも、内部者が原因のセキュリティ・インシデントの方がはるかに多いのです。そこで組織の内部者へのセキュリティ教育と対策の徹底が最も重要になります。米国のある調査では、情報通信に関する不正アクセスを受けた企業の七〇%以上が、組織内部の問題だったという報告もあるほどです。

（3）ポートフォリオ的な考え方が必要

インシデントの発生率は下げることはできるが、ゼロにはできない。だからインシデントが一定の確率で発生してしまうことを考慮して、システム運用を考える必要があります。ちなみに製造会社などで、事業所内のアクシデント（事故）の発生をゼロに抑えることは事実上不可能であるため、発生ゼロを目標にするが、同時に発生したときの被害を最小限にする施策の検討が行われています（たとえば、安全衛生活動）。

基本的な対策は二つあって、（a）インシデント予防策、（b）インシデント対処法です。（b）には、「事前のインシデント発生時の対処法の周知化とマニュアル化」と「事後のインシデントの具体的対応」とが存在します。これらの施策を実行したときのコストと、実行しなかったときの被害額の「期待値」

をポートフォリオ的に評価して、適度な対処を定める必要があります。

このポートフォリオ的な評価の例としては、二〇〇一年にインターネットに発生した「コードレッド（Code Red）」ワームが挙げられます。マイクロソフト社のＩＩＳサービスの脆弱性を攻撃するインシデントでしたが、このとき韓国での被害が非常に大きかった。これは韓国でＭＳウィンドウズの違法コピーの数が多かったことに起因しているとも言われています。日本や欧米では、違法コピーの割合が少なく、セキュリティパッチ（ソフトウェアの弱さが発生したときに配布されるプログラム）が広く適用されていたため、被害総数が比較して少なかったというわけです。事前の予防策への投資（＝セキュリティパッチの適用）を怠ったために、インシデントの発生数が大きく、結果として災害総額が大きくなったというケースでしょう。

一方、最近の生命保険ビジネスにも、ポートフォリオ的な見方が取り入れられています。たとえば、生命保険会社は保険金の支出額を結果的に小さくするために、被保険者の健康状態を向上させるアドバイスを行っています。また保険の加入にあたっては、保険金の支出（＝インシデントの発生確率と被害総額の積）の期待値が大きければ保険料が高く設定され、期待値が基準を越えていれば保険への加入が拒否されます。

（４）使い勝手とセキュリティ度の天秤

セキュリティ対策の実施は、一般的にユーザの作業で使い勝手を悪くさせ、結果的に業務の効率を低下させてしまう。そして効率の低下は収入の減少につながるので、これはセキュリティ対策で必要なコストと考えられます。要するに、セキュリティ対策をどのくらい厳密なものにするかは、効率の低下度とのバランスで考えなければなりません。

（5）グローバル性と国家の制約の矛盾

セキュリティ対策のなかには、法律によって企業や個人に義務化されているものがあります。法律は国ごとに異なるので、グローバルな規模でデジタル情報をやり取りするコンピュータネットワーク（特にインターネット）では、各国の規則をまたいでセキュリティ対策を行い、システムを最適化しなければなりません。とはいえ、データを暗号化するソフトウェアの輸出入については、国家安全保障に関わるものとして国ごとに管理基準が違うことがあります。すなわち、セキュリティレベルやその施策では、必ずしもグローバル性と一致できるとは限らない部分が残るのです。

先に述べたように、安心はインターネットのベストエフォート型サービスと親近性がありました。インターネットでは、IPパケットの転送サービスが品質に関する客観的な目標値を持たずに、ベストエフォート（最大限の努力）によって提供されます。ただ、適切な競争原理によって、ユーザに許容される品質のサービスが提供されるので、それは技術の進歩に応じて動的に変化します。したがって、そこには提供者に対する信頼が維持されて、安心という状態がもたらされるわけです。

こうした状態は、セキュリティにもあてはまります。現実にはリスクに対するセキュリティレベル（＝品質レベル）が社会に受容されるものになるように、システム関係者によって最大限の努力が行われます。それと同時にシステム関係者とユーザがコミュニケーションを行うことで、そのときの状況に応じて受容されるセキュリティレベルが変化することになります。つまり、セキュリティレベルは恒久的に決められるのではなく、ベストエフォートに沿って、競争環境を梃子に動的に設定されていくのです。やはり、そこでも安心が提供されていると言えます。

セキュリティ対策の二つの目的

セキュリティとは、安全・安心な環境を提供することだと言えます。しかし、果たしてこれが本当の目的なのでしょうか。セキュリティによる安全・安心とは、具体的にどのような状態を実現したいのでしょうか。話を分かりやすくするために、以下では事業者におけるセキュリティについて述べます。ただし、これは企業に限らず、行政やコミュニティといったあらゆる組織にも適用できるものです。事業者におけるセキュリティ対策の目的は、次の二つに集約されると考えます。

（1）事業の継続：インシデントが発生しても、事業の継続を可能にする
（2）事業の発展：事業が発展することを可能にする

第一の目的として挙げた「事業の継続」に関してはほとんど説明の必要はないでしょう。インシデントの予防と対策をきちんと行うということです。しかし、第二の目的とした「事業の発展」はどうでしょうか。事業を発展させるには、イノベーションを継続的に生むことが求められます。そのためには、

イノベーションの可能性のある行動を推奨しなければなりません。そして、こうした環境を提供することが、セキュリティ対策の目的の一つというわけです。とはいえ、そう言われてもピンとこないかもしれません。

そこで暗号化を例に取り上げてみましょう。暗号化は、通信や電子ファイルの中身が他人から読まれないようにする技術です。暗号化によって中身を守ることができれば、かりに通信の宛先を間違えたり、電子ファイルをどこかに忘れたりというインシデントが発生しても、他人に情報が漏れないことが保証されます。これは第一の目的にあてはまります。

他方で暗号化されていなければ、外部と通信を行うときや、電子ファイルを事業所の外に持ち出すとき、いろいろな心配や制約が生じます。極端な場合、インシデントの発生を防ぐために、そもそも外部との通信を行わないという考え方さえ出てくるでしょう。すなわち、インシデントの発生を避けるために、結果的に企業や組織の構成員の活動が萎縮してしまうのです。これに対して暗号化が可能な環境では、インシデントが発生する頻度が非常に小さくなるので、事業所の構成員は心配する必要がなくなり、のびのびと仕事をすることができます。そうすると生産性が向上して、さらに前例のない事業といったイノベーションが生まれる可能性も増すでしょう。セキュリティ対策が人々の仕事のしやすさを提供し、それが意欲に寄与する。つまり、第二の目的の「事業の発展」につながるのです。

セキュリティの経済原理

次に、セキュリティ対策と経済原理の関係について考えてみましょう。事業者でのセキュリティ対策は、安全・安心な環境の提供だけでなく、事業の継続と発展も目的としていました。ただし、現実では事業の継続のためのセキュリティ対策には難しい問題がつきまといます。なぜなら、事業の発展のように新たな収入に貢献する可能性を持っていないからです。そこでは新たな収入の獲得よりも、インシデント発生時の支出（減収）を小さく抑えることが主眼となります。それは積極的な投資対象にはなりにくいのです。特にインシデントが発生しないときには、事業の継続のためのセキュリティ投資は削減の対象となる傾向にあります。セキュリティは「常時は邪魔者である」、「無事故が続くと、もっと不要になる」、そして「さぼっても利益構造に変化がない」というわけで、しだいに疎かになっていくのです。

一方、事業の発展を目的としたセキュリティ対策、そのなかでも創造的活動を促すためのセキュリティ対策にはポジティブな面があります。しかし成功する創造的活動が出てこないと、こちらも投資意欲が減退してしまいます。

このように、現実の事業環境でセキュリティ対策を適切に継続していくことは、決して容易ではありません。ところで江戸時代に地域の財政を数多く再建させたことで有名な二宮尊徳は、次の言葉を残しました。

道徳を忘れた経済は罪、経済を忘れた道徳は寝言

ここで「道徳」を「セキュリティ」に、「経済」を「事業経営」に置き換えてみてください。セキュリティ対策を行わない事業経営は生き残れないし、事業経営に貢献しないセキュリティ対策は意味がない、

ということになります。これはセキュリティ対策と経済原理の関係を考えるうえで、非常に示唆に富んだ表現だと思います。

セキュリティ対策が非常時だけでなく常時でも事業経営に貢献できれば、セキュリティ投資が積極的に行われます。そこでインターネット・バイ・デザインの考え方に基づきながら、適切なセキュリティ対策を実施できないものでしょうか。おそらく、そうしたセキュリティ対策とは非常時と常時で基本的に同じであり、多様な目的で利用され、ポジティブな影響を与えるシステムを構成します。さらに、利益につながる挑戦を可能にするでしょう。こうした観点を最大限に活かした施策を実現できれば、結果的にサービスや製品の提供にあたって品質と効率性を向上させることになり、事業の拡大に貢献するはずです。

たとえばセキュリティ対策が実施されなければ、まず事業所内でのさまざまなインシデントの発生件数が増えるでしょう。そしてインシデントの対処を行うと、通常業務の停止がしばしば起きます。また業務を再開しても定常状態にないため、品質を落とす可能性が高い。それを持ち直させるには、コストがいっそうかかります。さらに当然ながら、こうした事業の機能の低下は市場での競争力を弱めることにつながります。

けれども、インターネット・バイ・デザインの考え方によって、適切なセキュリティ対策が実施されていれば状況が異なります。事業所内のインシデントの発生件数を減少させることは、事業の継続性を担保します。それだけではなく、事業の機能（サービスや製品における品質と効率性）の向上が実現されます。結果的に、それが事業の発展に貢献するのです。したがって、この適切なセキュリティ施策の実施

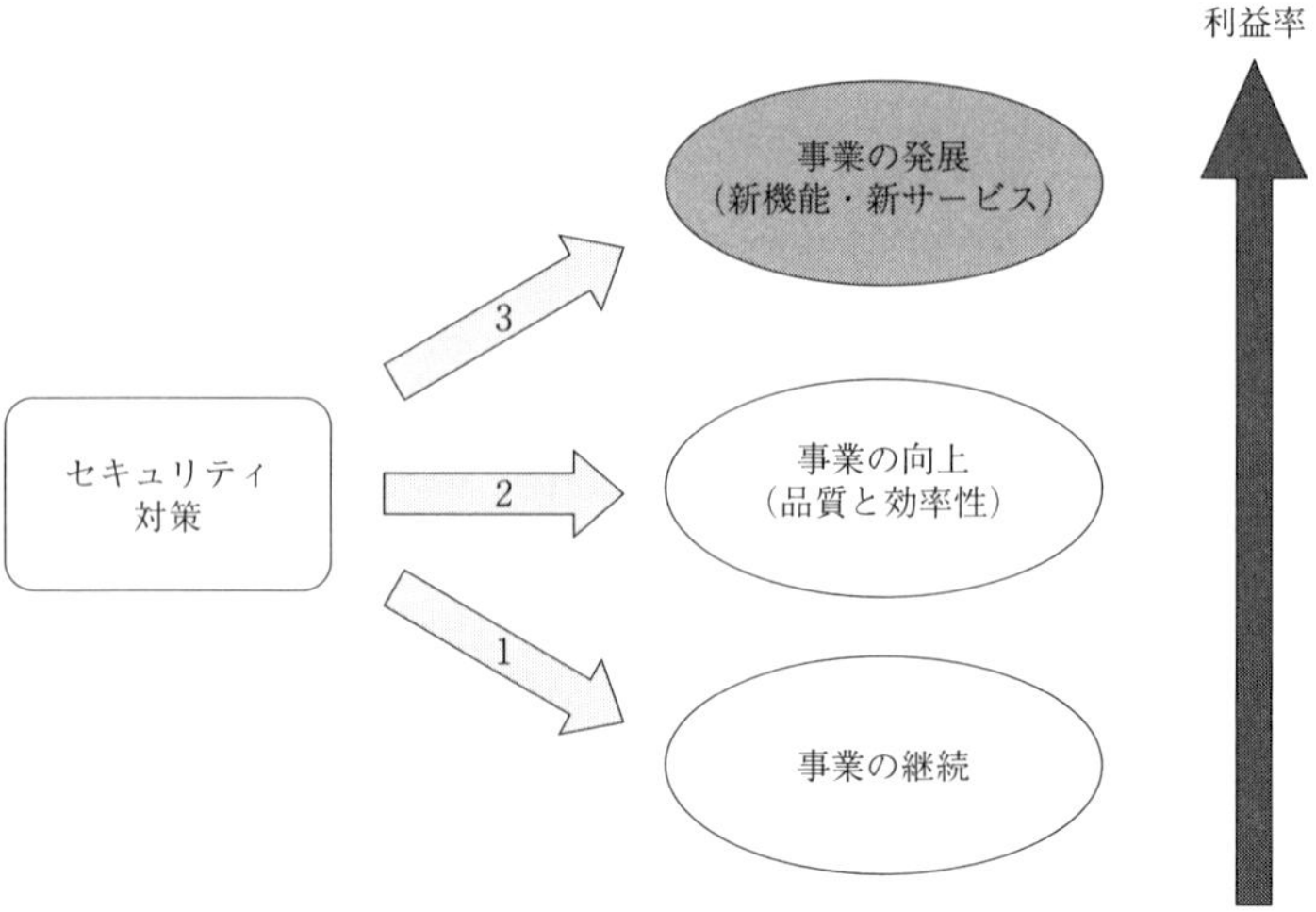

図 4-1　セキュリティ対策の経済的意味

は、事業拡大のための投資であると言えるのです。

このように考えれば、企業や組織におけるセキュリティ対策の目的は、「事業の継続」と「事業の発展」という二つに、さらに「事業の向上」を加えることができるでしょう。

1　事業の継続：インシデントが発生しても、事業の継続を可能にする

2　事業の向上：事業の機能（品質と効率性）の向上を可能にする

3　事業の発展：事業が発展することを可能にする

これらを図にまとめると、図4－1になります。三つの目的が満たされるにしたがって、事業の利益率が上がるという仕組みです。

2——知的財産をめぐるセキュリティ

技術は善悪に中立であるべき

インターネット・バイ・デザインの要素に、「透明性」と「エンド・ツー・エンド」がありました。その徹底によって、利用者（ユーザ）と利用法（アプリケーション）を限定しないシステムが作られます。そこでは、新たな利用者と利用法が継続的に投入されるので、創造性を担保するうえで大きな意義を持っていました。とはいえ、この利用者と利用法を限定しないことは、秩序が保たれないなどの大きなリスク要因でもあります。このような矛盾は、技術が良い面と悪い面を持った両刃の剣であるという議論につながります。

善悪という価値観において、技術は中立であるべきだと筆者は考えます。可能なかぎり良い面を引き出し、悪い面が出過ぎないように適度な対策が重要です。もし悪い面を完全に封じ込めようとすれば、技術そのものの使用を禁止することになります。しかし技術に有用性があれば、おそらくブラックマーケットなど何らかの方法を通して、それを利用する人が出てくるでしょう。他方で、技術の悪い面が突出している場合、「発見・発明した人にその責任を負わせるべきだ」との意見が占めることも少なくありません。けれども、この意見を肯定すれば、研究者や技術者は新しい挑戦に対して勇気を削がれてしまいます。

したがって、社会では「発見・発明が善悪に中立性を持つこと」を認めながら、悪い面への対策を講じることが適切な方針となるわけです。その際、研究者や技術者には、発見・発明が持つネガティブな面を十分に考慮するという倫理観が求められます。そして、そのための教育がますます重要になるのです。

日本でもインターネットの分野で「発見・発明が善悪に中立性を持つこと」に関する議論が盛んに行われたことがあります。きっかけは、二〇〇〇年代前半に起きたWinny事件です。[2] Winnyは東京大学大学院情報理工学系研究科助手（当時）の金子勇氏が研究開発したソフトウェアで、これが著作権侵害行為を幇助した疑いがあるとして金子氏が逮捕・起訴されました。裁判での審議の結果、二〇一一年一二月一九日に最高裁判所第三小法廷によって無罪が確定しています。

筆者は、Winnyを含むピア・ツー・ピア技術に関する基本提言書[3]をNPO法人ブロードバンドアソシエーションから二〇〇八年に出しました。これはピア・ツー・ピア技術の研究開発に関する「技術の中立性」を維持するために関係者と作成したものです。ピア・ツー・ピア技術はさまざまな可能性を持ち、その後のインターネットの進化に不可欠なので、悪い面が存在するからといって一方的に制限・排除するべきでない、という主張でした。

両刃の剣への対処法

研究者や技術者は発見・発明が悪用されないように配慮し、もし悪用が明らかになった場合には、できるかぎり影響を小さくする対応が求められます。しかし、発見や発明は両刃の剣なので、悪い面が現れることを完全に防止するのはできないと思われます。他方で、新しい発見・発明は当初に予想していなかった目的で利用されることもあります。メルビン・クランツバーグの第二法則である「必要は発明の母ではなく、発明は必要の母である」の言う通りです。

この前提のもとで、発見・発明によるイノベーションを担保することを考えなければなりません。つまり、発見・発明の中立性にしたがって、研究者や技術者に挑戦する意欲を持ち続けてもらう。そして、リスク管理を行うにしても、「イノベーションを担保するためのセキュリティ」という発想を忘れてはいけない、ということです。

著作権と特許権に関するセキュリティ対策

社会のなかには、セキュリティによって安全・安心の環境を提供することで、人々の活動を活性化させるものが数多くあります。一見しただけでは分かりませんが、やはりセキュリティと関係しているのです。たとえば、私たちの知的財産に関する権利、つまり著作権や特許権がそれに当てはまります。以下で詳しく取り上げてみましょう。

2　Winny…Microsoft Windows で動作するピア・ツー・ピアの技術を利用したファイル共有ソフト。

3　ピア・ツー・ピア技術に関する基本提言書…NPO法人ブロードバンドアソシエーションP2P関連問題研究会「P2P基本提言」（二〇〇八年九月一八日）　http://www.npo-ba.org/public/20080918p.pdf

（1）著作権

現在、出版物などの著作権を保護するための国際的な枠組みは、一八八四年に成立したベルヌ条約に基づくことが多いです。しかし、初めて著作権が法律で定義されたのは、一七〇九年のアン女王法（英国）とされています。このときの著作権の期間は一四年で、本の複写を著者とその本の購入者に帰属させることで、「学問の推奨を促す」ことを目的としていました。

その後、レコードや映画、テレビ、ＣＤそしてインターネットへと情報配信メディアは進化し、それにともない著作権に関する考え方も変化を遂げています。いまでは著作権を行使できる期間はどんどん長くなり、しかも使用にあたっては莫大な料金が発生するようになったので、もはや事実上利用が不可能となってしまうケースも少なくありません。

もともとの著作権の目的は、著作物の利用を「制限する」のではなく、「促進させる」ことにありました。著作者が安全・安心を得て、著作物を世のなかに送り出せるようにする。そして著作物が流通して、多くの人たちに参照される機会を増やして、結果として新しい著作物の創造が促されることを狙っていたわけです。逆に言えば、著作権では、その不適切な行使によって、かえって著作物の流通が制限されないことが重要なのです。したがって、そうした適度な運用こそが著作物に関するセキュリティ対策になります。ちなみに、日本の著作権法の第一条の記述は以下のようになっています。

（目的）

第一条　この法律は、著作物並びに実演、レコード、放送及び有線放送に関し著作者の権利及びこれに隣接する権利を定め、これらの文化的所産の公正な利用に留意しつつ、著作者等の権利の保護を図り、もつて文化の発展に寄与することを目的とする。

そこでは「著作者等の権利の保護」を図って、「文化の発展に寄与する」ことが目的とされています。同じような考え方に立脚したもので、クリエイティブ・コモンズ（Creative Commons）があります。これはデジタル化された著作物をコモンズ（共有地）として利用できるようにして、著作物の流通や創造の促進をはかるプロジェクトです。米国の憲法学者ローレンス・レッシグらが中心になって運営しています。さらに、知的財産権によってコントロールされる部分を意図的に制限し、残りの部分をコモンズに開放して、さまざまな創造的活動を支援するために、クリエイティブ・コモンズ・ライセンスという許可の仕組みも作られています。

（2）特許権

特許権は「工業所有権」とも称されるものです。特許権の考え方は、中世の特許状が起源とされています。当時は国王が報酬や恩恵として特許状を与え、商工業を独占する権利、または発明を排他的に使用する権利を付与しました。しかし、これは権利者が恣意的に決められるので、かえって情報の閉鎖性が強くなり、発明が生まれる可能性を著しく低下させてしまいました。そこでルネッサンス期には、発明者自身に対して、一定期間とはいえ、その発明を独占的に使用できる権利を付与しました。それによって、発明の内容が世のなかに広く公開され、共有が進み、さらなる発明を促すことになり、そうしたなかで新たな特許の考え方が確立されました。それが近代的な特許制度に続きます。このような考え方は、日本の特許法の第一条にも表れています。

（目的）
第一条　この法律は、発明の保護及び利用を図ることにより、発明を奨励し、もつて産業の発達に寄与することを目的とする。

ここに見られるように、発明の「利用を図る」ことを目的としているので、発明を排他的に使用し、その使用の制限や禁止をする行為は法律の趣旨に反します。また、「発明の保護」という条件の下で、その内容を公開し、新たな発明を促すという旨を唱えています。

たとえば、これは学術論文にも通ずるものです。学術論文のオリジナリティを広く認識させて、その情報の流通を促し、新しい発明に貢献することをめざしているのです。ここでも、特許権の不適切な行使によって発明の利用が制限されないことが必要であり、そうした運用が特許権に関するセキュリティ対策であると言えるわけです。

とはいえ、特許権に関するセキュリティ機能が十分に果たされないケースもあります。ＩＴ業界における知的財産権、特にソフトウェアにおける特許権について、マイクロソフト社の創始者であるビル・ゲイツは、注目すべき発言をしています。[4]

1　今日使われているアイデアを考案した人々が、いまの特許の使われ方を知って、自ら特許を取得していたならば、今頃この業界（＝IT業界）は、完全に行き詰まっていたに違いない。

2　私たちの取るべき戦略は、できるかぎりの特許を取得することだ。独自の特許を持たない将来の新進企業は、先行する巨人たちがどんな対価を課しても払わざるを得ない。その価格は高くなるだろう。すでに確立された企業には、未来の競争相手を排除する理由があるのだ。

ここでは、「すでに確立された企業」が「未来の競争相手を排除する」ことが積極的に述べられています。また、そうしないとマイクロソフト社の隆盛はなかったというわけです。

同じようなことが、ウォルト・ディズニー社の著作権に対する姿勢にも当てはまります。かつては劇場コンテンツの映画化を行っていましたが、その後はフェアユース（著作権の侵害とならない公正な使用）が認められた作品や、パブリックドメイン化（著作権が消滅した状態）された古い童話（グリム童話など）を映画化して、ディズニー社はビジネスを成功に導きました。そして映画やキャラクターの著作権が生まれると、米国議会でロビーイングなどを行いながら、その権利の有効期限をしだいに長くすることを働きかけました。いまや「ウォルト・ディズニーがグリム童話にしたことを、誰もディズニー社にする

4　ビル・ゲイツは…発言をしています…Lawrence Lessig, "Free Culture", OSCON2002. http://randomfoo.net/oscon/2002/lessig/free.html

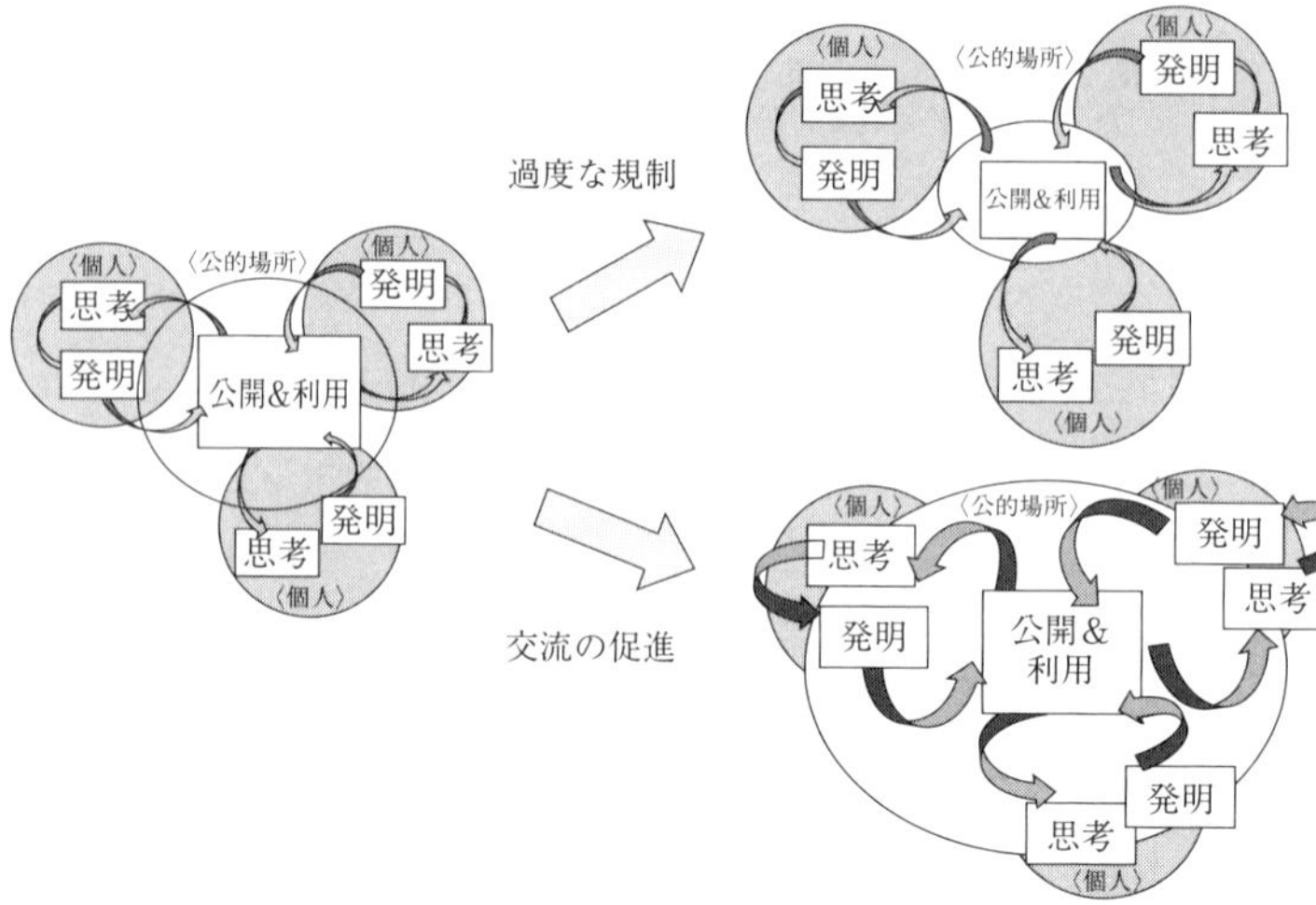

図 4-2　知的財産に関する個人・公的場所

ことはできない」と表現される状況を作り出したと言われています。[5]

このように知的財産権では、著作物や特許の利用が妨げられない運用（＝セキュリティ対策）が望まれながら、正反対に一部の企業によって独占された運用が少なからずあることも事実です。ただ、インターネット・バイ・デザインの考え方に基づいた社会や産業のシステムが広がれば、知的財産に関しても、人々の活動を活性化させるセキュリティが実現されていくと筆者は考えています。

知的財産と公的場所

図４－２に知的財産に関する個人と社会の関係を示しました。著作物や特許などの知的財産に関する法律が意図しているのは、個人の思考や発明が限られた人たちに閉じられるのではなく、むしろ公的場所で利用されることであり、さらに個人へのフィードバックが行われ、新しい創造が刺激されるという

ことです。つまり、「個人」と「公的場所」との相互接続です。もし公的場所に公開することのリスクを心配して、過度な規制から交流の機会が縮小すると、創造の可能性は低下してしまうでしょう。他方、交流が広がり過ぎると、個人の利益が損なわれる可能性が高くなるかもしれません。このため、一定期間において個人を保護するのが、著作権法や特許法になるわけです。

インターネットが登場するまでは、個人の思考や発明を共有する公的場所はビジネスや学術などの領域で閉じられており、専門性の高い、濃密な情報空間を形成していました。要するに、このなかで情報の共有は行われていましたが、他の領域とはフラグメント（分離）されていたのです。ところが、インターネットに構築されたワールド・ワイド・ウェブのシステムの登場によって、デジタル情報が同じプラットフォームに載せられると、これまで分離されていた情報空間が統合されて地球上で唯一のものになりました。そこでは、「分野融合」や「学際研究」と表現されるように、個別に存在していたビジネスや学術の領域間で情報の相互作用が急速に進みつつあります。今後、これまでとは質の異なる思考や発明が展開されることが期待されます。

このように相互作用を起こすことがなかったサブシステムが統合化され、そのためのオーバーヘッド（間接費）が削減され、そしてグローバル規模で情報が共有されると、イノベーションが創出される環境が生まれます。それは「オープン・イノベーション環境」と呼ばれます。まさに THE Internet の形成

5　米国議会でロビーイング［…］言われています…Lawrence Lessig, "Free Culture", OSCON2002. http://randomfoo.net/oscon/2002/lessig/free.html

です。

3――リスク管理としてのセキュリティ

「厳しすぎない規制」のセキュリティ

市場で「厳しすぎる規制」は、それを実現させるコストが高いばかりでなく、かえってブラックマーケットを生むことにつながります。したがって、安全・安心を実現するには、「厳しすぎない規制」にして、システムに「あそび」「ゆとり」を意図的に持たせるべきだと考えます。

一九二〇〜三三年に米国で施行された禁酒法は、「厳しすぎる規制」の典型的な例です。飲酒の欲求は一定程度あるので、これを全面的に（＝一〇〇％）禁止すると、ブラックマーケットが形成されてしまいました。

一方で、「厳しすぎない規制」としては、オランダでの麻薬の統治が挙げられます。もちろん、オランダでも麻薬は禁止されていますが、各人に上限量を設けたうえで購入が認められています。これは個人の用途なので、自己の責任に任せるというものです。その結果、オランダでは高品質の麻薬が合法的に取引され、ブラックマーケットはとても小さいと聞きます。さらにポルトガルでは、二〇〇一年に麻薬を「非犯罪化」（ある一定以下の麻薬の所持であれば、麻薬の売人とみなされないので刑事罰の対象とならない）

し、かつ麻薬の使用者には医療上の支援を行うことで、その量を激減させています。刑事罰が社会に与える効果を考慮したもので、使用者には罰を与えるのでなく麻薬が不要になるように促して、悪質な麻薬の売人のみを処罰するとしたわけです。

同じような話が、司馬遼太郎の『項羽と劉邦』[6]に登場します。曹参という人物が斉の丞相の職を後任に譲るとき、「獄と市だけが政治の要です」と伝えます。曹参の考えは、牢獄や市場は善悪ともに受け容れるところであって、「為政者が善悪に厳格でありすぎると、かえって具合が悪くなります」というものでした。世のなかには必ず姦人という者がいるので、これを柔らかく包むのがよい。そういう姦人たちは法あるいは市場管理の対象になるが、この牢獄と市場を正しすぎると姦人は世に居られなくなり、必ず乱をおこし、国家そのものを毀損することになる。だから、牢獄と市場は大切だと言ったわけです。

「引き籠らない」セキュリティ

また、「厳しすぎる規制」は、「安全過ぎる」環境を提供します。そうすると、そこで活動する人たちは、環境の変化に対して脆弱になってしまう恐れがあります。外部からほとんど影響を受けない状態のオフィスでは、セキュリティの対策はもはや不要と考えられがちです。その結果、インシデントが起きたときに適切に対応できず、生き残ることができません。誤解されやすいですが、そこで活動する人たちが生き残る種であり続けるには、「厳しすぎない規制」による「安全過ぎない」環境を意図的に作る

6 『項羽と劉邦』…司馬遼太郎『項羽と劉邦』(上巻、新潮文庫)。

必要があるということです。インターネット・バイ・デザインの重要な特徴の一つである、「選択肢の提供」による多様性の確保に通じるものです。

さらに、厳しすぎる規制は、安全過ぎる環境を提供することで、組織のなかにいる人の「引き籠り」を助長して、貴重な経験や知見の共有を妨げてしまう可能性を持ちます。たとえば、企業や組織は評判を気にするため、そこで発生した不名誉な事実は外部に知られたくないものです。インシデントの発生は企業や組織の内部でのセキュリティ対策が不十分だったからと解釈されるので、そのことを恐れて公表をためらいます。しかし、企業・組織の内部の不祥事を隠ぺいすることで、事態をさらに悪化させてしまった例が多いのは承知の通りです。

実際には、インシデントが発生した事実を外部の人や組織と共有したほうが、その対応はむしろ迅速化します。その方法が、多くの人や組織そして専門家の視点から検討されることを可能にします。失敗の経験や方法を共有することが、インシデント自体の削減と、その発生時の被害の低減に貢献するのは明らかです。さらに、企業や組織が不名誉と思われるインシデントに関する情報を相互に共有すれば、結果的には社会全体でインシデントの発生や被害を抑えることにつながります。これらは「聞くは一時の恥、聞かざるは一生の恥」という諺に通じるものです。そして勇気を出して「引き籠らない」ことが、セキュリティ対策の品質の向上に貢献するのです。インターネット・バイ・デザインの考え方では、「透明性」の確保になります。

匿名性はなぜ必要なのか

セキュリティを実現するには、「個人の認証」を徹底するのが一般的です。さまざまなサービスで、他人のなりすまし、情報の改ざんを防ぐために不可欠なものです。しかし別の観点からは、個人を認識しない「匿名性」(また個人を認識させない「秘匿性」)が重要な役割を持ちます。

組織運営で不適切な行為などに対する告発が不可能にならないために、匿名性(秘匿性)は必須です。目安箱などは、その方法の一つになります。組織やそれを構成する人から報復や復讐を受けないことが保証されなければ、告発は取り止めになるのがほとんどでしょう。とりわけジャーナリズムでは、取材元を明かさないことが徹底されており、そうした規範が厳密に守られてきました。なお、日本国憲法でも「通信の秘匿性」が定められているので、通信事業者は仮に通信の内容を知り得ても、それを利用することは厳重に禁止されています。極端に言えば、それがテロや犯罪に関わる内容であっても、秘匿性を守ることが義務であるとされています。

二〇一〇年一一月に発生した尖閣諸島・中国漁船衝突映像流出事件では、そこに重大な問題がともないました。事件の経緯は次の通りです。

・海上保安庁の保安官が機密とされた動画ファイルを持ち出し、これをYouTubeにアップロードした。
・翌日、投稿者である海上保安庁保安官は、動画ファイルをアカウントとともに削除したが、データを保存したユーザによって再投稿された。

・警察による捜査が開始され、動画ファイルがアップロードされたプロバイダが特定された。そのプロバイダは、投稿者に関する情報を捜査令状なしに提供したとされている。

・投稿した保安官は特定されたが、海上保安庁は処罰することはなかった。その後、保安官は退職願いを提出、受理されて退職した。

・保安官は国家公務員法の守秘義務違反の疑いで書類送検されたが、その後に起訴猶予となった。

この事件では、海上保安庁における機密ファイルの管理体制が不十分であったことも問題でしたが、それよりも致命的だった点は以下になります。

（1）インターネットサービスプロバイダは、通信の秘匿性（および匿名性）を堅持できなかった

通信の秘匿性（匿名性）は告発の機会を担保するので、インターネットサービスプロバイダがこれを堅持できない場合、インターネットを用いた告発ができなくなる可能性が生じる。

（2）海上保安庁は規律違反を厳罰に処さなかった

組織の機密情報を意図的に流出させた行為は、組織のセキュリティ管理上、厳格に処されるべきである。それがなかったことは、組織の規律維持の観点からはきわめて大きな問題だと考えられる。職員に厳格な処分がないならば、機密ファイルを持ち出し、公開するなどの違反行為が繰り返され

ることになる。

このように「匿名性（秘匿性）による告発のチャネルの確保」と「機密保持のための処罰の徹底」は、ある意味で相反するのですが、二つとも重要な規範として維持されなければならないのです。

なお、「個人の認証」と「匿名性（秘匿性）」が、相容れないことも認識しなければなりません。「個人の認証」を行うことは、法的根拠に基づいて犯罪を捜査する際に必要であり、社会の安全・安心のための機能です。他方で、「匿名性（秘匿性）」を堅持することも、社会が健全な告発の仕組みを持つために不可欠なわけです。

4──プライバシーのグローバルな認識

プライバシーは5W1H

インターネット、あるいはオープンデータが前提となる社会では、セキュリティと並んでプライバシーを確保することが重要な課題になります。「プライバシー」を辞書で引くと、「（他人からの干渉を受けない個人の）私生活、秘密、内密、隠遁」という意味が示されます。ただ、秘密にされるべきことは何か、他人の干渉として許せないことは何か、などは主観的な面が強く、世のなかで一致した基準があるわけではありません。そのうえ同じ個人や組織であっても、時間とともに変化します。つまり、「セクハラ」と似ているかもしれません。同じ発言でも、誰が誰に対してどのような状況で行ったかによって、解釈が異なると言えます。

したがって、プライバシーに関する対策を講じるには、共通した基準を設けるのではなく、5W1H（Who/Whom, When, Where, Why, What, How）に応じて対処するしかありません。個人の責任で、そのつどの対応しか方法がないわけです。

プライバシー対策を情報通信システムに埋め込む際に、次の七つの原則がグローバルな共通認識となりつつあります。これを「プライバシー・バイ・デザイン」[7]と言います。

1 リアクティブ（事後）でなくプロアクティブ（事前）：プライバシー対策は事後の措置でなく、問題が発生する前にプライバシー侵害を防ぐことである

2 デフォルト設定でプライバシー保護：個人情報を保護するために、プライバシー対策がシステムにデフォルトで組み込まれている

3 設計時に組み込むプライバシー対策：プライバシー対策は、設計時にシステムに組み込まれている

4 ゼロサムではなくポジティブサム：ゼロサム的なアプローチではなく、すべての正当な利益をポジティブサム（Win-Win）の方法で対応する

5 エンド・ツー・エンドでのプライバシー対策：プライバシー対策のために必要な処理は、通信

経路上ではなく、エンドのユーザ機器のみで実施される

6 可視化と透明性（オープン性・公開性）：プライバシー対策の考え方（ポリシー）、方法、内容のすべてがユーザに知らされている

7 個人のプライバシー尊重：個人を中心にして、個人の利益を尊重しなければならない

セキュリティ対策に関しては、ネガティブではなくポジティブな結果を目的にすることを述べましたが、これはプライバシー対策でも同様に言えます。つまり、できるかぎり制限をせず、問題が発生した場合に例外的に制限する（＝オプト・アウト）という方針のもとに、人々の活動に前向きさを与えて、イノベーションを起こしうるガバナンスを構築することが重要になるわけです。

フィルタリングは誰が行うべきか

ところで、インターネットには「フィルタリング」という機能が設定されています。ユーザに危険や害を及ぼす可能性のあるコンテンツがあれば、それを事前に排除する役割を担っています。どのコンテンツが危険や害を及ぼすかは、プライバシーと同様に一致した基準があるわけではありません。特に害になるかどうかは、受け取り方の個人差が大きく、共通の基準を定義することはできません（技術的にもほぼ不可能です）。

7 プライバシー・バイ・デザイン…アン・カブキアン『プライバシー・バイ・デザイン』（日経ＢＰ社、二〇一二年）を参照。

たとえば、「幼児虐待コンテンツ」などのように、社会的に有害であることが法的に定義されて、個人だけでなく公共組織としてフィルタリングを行うべきというコンセンサスが成立しているものもあります。しかし、それでもいくつかの問題が残ります。まず、（1）このようなコンテンツでも、それが有害であるとの絶対的な判断基準を決定するのは（技術的にも）容易ではない、そして（2）過度なフィルタリングが意図的な検閲、あるいは偶然によって行われる場合も否定できない、などです。

（1）の有害であるという絶対的な判断基準を決めるのが困難であることは、二〇〇〇年に草案が公表された「青少年有害社会環境対策基本法」の例からも明らかです（この法案は、二〇〇四年の第一五九会通常国会に提出されたが、審議未了のまま廃案）。すなわち、「青少年」の定義は年齢によってできるとの意見が多いかもしれませんが、害を受けるような精神的な成長状態であるかは、個人差が大きいのも事実です。また、どの情報が有害なのかも個人や家族など周りの環境に大きく依存します。

（2）と関連しますが、そもそもすべての個人に対して、同一の基準でフィルタリングのアルゴリズムを適用するのは、社会の多様性の低下につながる恐れがあります。また、適切な判断能力がない青少年の指導は、本来は親の権利であり義務であると思われます。したがって、このような同一の基準によるフィルタリングの適用は、大切な親の権利と義務を第三者である国（行政機関）が強制的に剝奪する可能性を持つと考えることもできます。

結論としては、次のように言えるのではないでしょうか。フィルタリングに関しては、プラットフォームによることは適切ではなく、ユーザの責任で行うべきである。ただし、このフィルタリングを信頼可能な第三者に委託することは、ユーザの責任の範囲で可能である。これはまさにエンド・ツー・エンドの考え方です。

5――IoT時代のセキュリティとプライバシー

二一世紀の社会・産業インフラのセキュリティ

この二一世紀には、インターネットがサイバー空間の殻を破って実空間と融合されていくことを予想しました。それはインターネットとモノとが作用するIP for Everything あるいはInternet of Things（IoT）の世界です。そしてすべての社会・産業インフラが相互接続されて、クラウドコンピューティング基盤を利用すると同時に、膨大なビッグデータの処理と解析に基づいて管理制御されるようになるでしょう。そこに至る過程では、これまでインターネットに接続されなかった社会・産業インフラも、新たにオンライン化を前提として構築されていきます。そういうわけで、重要な課題となるのは、セキュリティを備えたインフラの設計なのです。

二〇一四年に、インターネットの技術標準化作業を行うIETF（Internet Engineering Task Force）とその関連組織であるIAB（Internet Architecture Board）が、注目すべき宣言を行いました。今後のインターネットの技術仕様では、セキュリティ機能を具備していることが条件とされなければならない、という趣旨でした。セキュリティの必要性がますます認識されているわけです。

また、これまでの社会・産業インフラでは、災害といった非常時に動作をする場合、人が介在しなければならないケースがほとんどでした。しかし、そういうときほど担当者が動作の実行に不安を持ち、躊躇してしまうことが少なくありません。他方で、二〇一一年の東日本大震災の際に、インターネットの管理制御はプログラムで自動的に動いていたこともあって、サービスの提供は維持されました。非常時の対応動作が自動化されていたことが、インターネットの継続した稼働をより確実にしたわけです。

最終的に、人がプログラムの不適切な動作を上書きすることが必要ですが、ＩｏＴが本格化する時代には、人の判断や動作が介在しないプログラムによる制御が基本となって、そうした運用のインフラが占めるようになるでしょう。これはセキュリティを備えたインフラ設計を考えるうえで、一つの方向を指しています。

「やりたくなる」セキュリティとプライバシーの対策へ

これまで述べたことをふまえて、セキュリティとプライバシーに関してまとめてみます。まず両者ともインターネットの大原則であるグローバルな視点を持ちながら、国・組織の各々で具体的な施策を考える必要があります。

セキュリティに関して言えば、特に知的財産の観点も欠かせません。著作物や特許の保護という条件のもと、人々の活動を活性化させるために、それらが公的に共有され利用されるような施策が求められます。また、セキュリティの本来の目的からすれば、「厳しすぎる規制」の適用は、個人や組織の活動から多様性を奪うので避けたいところです。逆に「厳しすぎない規制」の適用ならば、そこには柔軟な施策が生まれるので、事業などを発展させるうえでポジティブな影響を与えることになります。

そして強調しておくべきは、セキュリティとプライバシーの対策を行うには、「やらされる」のではなく「やりたくなる」ようにすることです。別の言い方をすれば、Win-Winの関係を実現するということです。さらには、ネットワークにおける「エンド・ツー・エンド」と「透明性」の考え方に基づいて、自己の責任による選択や判断に委ねられるべきです。

こうした環境を提供することが、社会・産業インフラに対してイノベーションの可能性を広げると言えるでしょう。そして、このようなセキュリティとプライバシーの考え方は、インターネット・バイ・デザインの特徴そのものであることが分かります。

第5章——インターネットに基づくインフラを設計する

1――社会・産業インフラのスマート化にむけて

これまでの章では、インターネット・バイ・デザインをめぐって、その背景となるインターネットの構造や技術のあり方、社会や経済との関わり方、そしてセキュリティやプライバシーの捉え方を述べてきました。本章では、このインターネット・バイ・デザインの考え方が実空間における社会・産業インフラに導入される例を紹介していきます。

ポジティブなエコシステムをめざして

インターネットを利用して、スマートビルなどの構築がすでに行われています。ここでいう「スマート」とは「快適・高機能・高効率である様子」という意味ですが、別の表現をすれば「グリーン・バイ・IT」とも呼べるでしょう。これは社会・産業インフラにITの導入を進めることで、事業活動による二酸化炭素（CO_2）排出量を削減しようとする施策です。二酸化炭素の排出量を抑えるためには、節電・省エネをともかく行わなければなりません。たとえば、ビルの運用費というのは三～四割が電気代なので、これを削減できれば大きな効果を得られます。そして、従来のビルは各ベンダーの独自技術のかたまりで、垂直統合型のビジネスモデルになっているのですが、ここにインターネットの構造と技術を導入できたら、建築業界にIT業界で起こったような革命を起こせる可能性もあるわけです。

良くないエコシステム

我慢	・節電
非効率	・監視カメラ
生産性減少	・自給自足

良いエコシステム＝スマート化

自律	・効率化
効率化	・防犯カメラ
生産性向上	・活動継続計画（LCP）

図 5-1　節電・省エネのエコシステム

とはいえ、節電・省エネには面倒や息苦しさがつきまとうので、「我慢、非効率、生産性減少」という方向になりがちです。その話はセキュリティ対策に似ているのです。しかし、これは良くないエコシステムの捉え方なので、逆に良いエコシステムになるように、「自律、効率化、生産性向上」というキーワードと結びつけなければなりません。そうしないと事業活動を持続させ、発展させるのは難しいのです（図5-1）。

そこで、ネガティブからポジティブに発想を変えていく必要があります。まずは名称を「節電」から「効率化」に、「監視カメラ」から「防犯カメラ」に、「自給自足」から「活動継続計画（Life Continuation Plan: LCP）」に、というように置き換えるのです。たとえば、「節電」は「効率化」であるので、消費エネルギーを小さくして仕事を少なくするのではなく、消費エネルギーを小さくしながらも同じ仕事を行い、さらに多くの仕事をできるようにすることだと意識を変えるわけです。そうすると、「節電」が地球環境を守りながら、成長を持続させるための効率化であるという見方も生まれます。ここで重要なのは、節電の技術と思われていたものが効率化にも転用できるということです。

同じように、節電から効率化への転用は、データセンターとクラウドの導入でも実践できます。これらは大量の電気を消費するために、節電の敵だと言われていました。しかし、オフィスのサーバ類をデータセンターに移設してクラウド化すれば、大きな節電（江崎研究室では約七〇%の節電に成功）が実現可能なのです。

このように、同じ技術や機器でもポジティブ思考で利用すれば、成長のための戦略に変身することが少なくありません。ツールは同じでも、戦略が違えば異なる効果を生み出すものなのです。

情報通信システムと社会・産業インフラの連携

スマートビルのほかにも、スマートエネルギーシステム、スマートシティといった社会・産業インフラが創造され続けるためには、どうしても情報通信システムの導入が不可欠です。おそらく情報通信システムと実空間で展開されるモノとの連携は、今後も進んでいくでしょう。そうなると、モノの状態に対して把握（センシング）と制御（アクチュエーション）を行うことが重要となり、そのための設計と実装を上手く遂行しなければなりません。それが社会・産業インフラの機能や効率を決定するわけです。

第1章で述べたように、これをヒトに例えれば、コンピュータルームやＩＤＣ（Internet Data Center）は「頭脳」にあたり、ネットワークは「神経」であり、センサーとアクチュエータは「感覚器官と筋肉」になります。賢く能率的な「頭脳」と俊敏に動作する「神経」、そして運動能力の高い「感覚器官と筋肉」こそが、優れた活動を果たすのは明らかです。

こうしたインフラが社会全体に広がるならば、その全域でコンピュータとネットワークの構築が進むとともに、センサーノード[1]やアクチュエータノード[2]などすべてのデジタル機器との相互接続が展開されます。ただ、これら機器の動作は、中央集権的に管理制御することは不可能なので、ローカルおよびグローバルの両面において、自律・分散・協調的なネットワークを運用することが求められます。

しかもインターネット・バイ・デザインの考え方が導入されると、省エネや環境対策などの一定の目的をもって設計されたシステムは、その他のシステムとも共通の技術で相互接続され、協調動作が可能になります。したがって、新たな機能やサービスを追加する必要はなくなります。さらに、透明性とエンド・ツー・エンドの要素を生かせば、当初の目的以外にも利用されるプラットフォームを構築できるかもしれません。そして、新しい利用法やサービス、または産業が生まれるインフラ基盤になる可能性もあります。このように持続的に進化するインフラ基盤が前提になれば、やがてスマートプラネットと呼べるものが実現されるのも遠くない出来事と思われます。

スケルトン・アンド・インフィルとの類似

インターネット・バイ・デザインの考え方を社会・産業インフラに投入するならば、それに応じたシステム設計が求められます。具体的には、コンポーネント（部品）やモジュール（機能的にまとまった部

1 センサーノード…温度や圧力などの物理的な現象を測定して、その結果を送信する機器。
2 アクチュエータノード…入力された命令にしたがって能動的に作動する機器。

分）の取り換え性が確保されること、利用者および利用方法を制限しないことなどです。そしてインターフェースをオープンにして、上手な抽象化（本質的な要素を抜き出すこと）を行い、革新的なコンポーネントの導入を可能にしなければなりません。

このような考え方と似ているのが、建築における「スケルトン・アンド・インフィル」[3]です。この基本概念は、構造躯体（＝スケルトン）がそのままで、内装（＝インフィル）を何度でも入れ替えられるというものです。一九六〇年代に、マサチューセッツ工科大のニコラス・ジョン・ハブラーケンが「オープン・ビルディング」として提唱したのが起源とされています。

そもそも建築物は年月の経過とともに、入居者の人員構成や嗜好が変化していきます。したがって建造物に要求される機能も異なってくるので、そのたびに内装を修繕したくなります。しかし、内装の改築のために構造躯体に変更を加えると、非常に大きなコストがかかります。そこで竣工時の入居者の要求に対してあえて最適化を行わず、将来の入居者にも応じられるように、構造躯体はそのままにして、少ないコストで修繕を可能にしようというわけです。とりわけ東西ドイツの統一の際には、東ドイツの古い建築物の資産価値を維持させるために、スケルトン・アンド・インフィルの考え方で、多くの建築物の改築が行われたとのことです。

このスケルトン・アンド・インフィルをいっそう推し進めるには、建築物を構成するコンポーネントをモジュール化することで、その部分を入れ替えやすくする必要があります。さらにオープン化によって、将来の改築の際には新しい技術を用いたモジュールに入れ替えることが可能になります。すなわち、インターネット・アーキテクチャとほぼ同じことが言えるのです。

ちなみに、スケルトン・アンド・インフィルでは、竣工時の資産価値が最大化するとはかぎりません。しかし、長期にわたって建築を運用するならば、トータルのコストが低くなり、入居者の希望に対応もできるので、資産価値が高くなる場合が少なくありません。日本ではスクラップ・アンド・ビルドのサイクルが欧米と比べて非常に短いのですが、これとまさに対極にある建築の方法なのです。

ともあれ、スケルトン・アンド・インフィルのあり方は、イノベーションを継続的に受け入れながら、建築物の存続を可能にするわけで、これは都市やエネルギーシステムなどの社会・産業インフラにも適用できるものでしょう。

2―スマートビル、スマートキャンパス

管理制御システムのインターネット化

二〇〇三年、筆者はインターネット・バイ・デザインによるビルのスマート化に関する活動を開始し

3 スケルトン・アンド・インフィル…東大EMP（東京大学エグゼクティブ・マネジメント・プログラム）で、「インターネットの本質」に関する講義を行った際、本プログラムの特任教授である横山禎徳先生からご教授頂きました。東大EMP・横山禎徳編『東大エグゼクティブ・マネジメント　デザインする思考力』（東京大学出版会、二〇一四年）。スケルトン・アンド・インフィルについては本書第3章も参照。

ました。インターネットの基礎部分をなす通信プロトコルのうち、膨大なアドレス空間を持つIPv6[4]（Internet Protocol version 6）は、これからの社会・産業を支えるために必要になるという見通しをもっていたので、それを適用する分野としてビルの領域に注目したわけです。それまで各ベンダー（販売者）の独自技術によって、空調や照明あるいは一般電源などが系統ごとに設計されて、ビルの管理制御システム（＝神経）が成り立っていました。そこにインターネット技術を導入することで、ある意味でスケルトン・アンド・インフィル化を実施するために、産業界の方々と取り組みを始めました。

他方で、その頃、東京都は膨大なエネルギーを消費している多数の施設を統一して管理制御したいという意向を持っていました。そこで、新宿にある都庁舎を改修する機会を利用して、その管理制御のバックボーンをインターネット化してみようという話になりました。二〇〇四年に「都庁オープン化研究会」（筆者も参加）が設置されて、そのメリットが認識されると、都庁舎の管理制御はインターネット技術を用いたオープンシステムへと転換されました。

こうした流れは各地で進み、二〇〇八年の北京オリンピックでは、メインスタジアムの照明システムにおいて、その管理制御のバックボーンにインターネット技術が用いられました。これは松下電工（当時）によって実現されています。

これらの取り組みによって、施設における空調や照明などの管理制御システムがインターネット技術を用いて統合化できることが証明されていきました。インターネットをバックボーンとした、まずは連邦型の統合システムです。

東大グリーンICTプロジェクトの設立

そうしたなか、二〇〇七年の暮れに東京大学の本郷キャンパスにある工学部二号館について、電力消費量が非常に多いので節電を実現してほしい、と松本洋一郎工学部長（当時）から依頼されました。この建物（二〇〇六年竣工、地上一二階・地下一階の総合教育研究棟）は筆者が仕事をしている場所でもあり、しかもピーク電力量が約一メガワットと大きく膨らんでいました。

とはいえ、たんに節電するだけではもったいない。よい機会なので、インターネットを用いた省エネ・節電の技術の研究開発と実証実験のモデルにしてもらうという条件で引き受け、その実現のために産学連携のコンソーシアムを立ち上げることにしました。それが二〇〇八年六月に発足した、東大グリーンICTプロジェクト[5]（GUTP: Green University of Tokyo Project）です。

このプロジェクトでは、ビルの設計・構築・運用・所有に関係する企業や組織、そして東京都がマルチステークホルダーとして参加し、これまで同じテーブルでは話し合われてこなかった問題を議論しました。しかし、それだけで節電という目的が達成されるわけではないので、さらに前提として「動くもの」を最重要事項にし、今後に役立つ先進的な技術を導入したシステムをめざすことを掲げました。

4　IPv6…ネットワーク上での通信に関する規約を定めたプロトコルの一種。

5　東大グリーンICTプロジェクト…発足当初は「グリーン東大工学部プロジェクト」。Hiroshi Esaki, Hideya Ochiai, "The Green University of Tokyo Project", Invited Paper, IEICE Transactions on Communications, Special Issue on, Vol.J94-B, No.10, pp.1225-1231, October 2011.

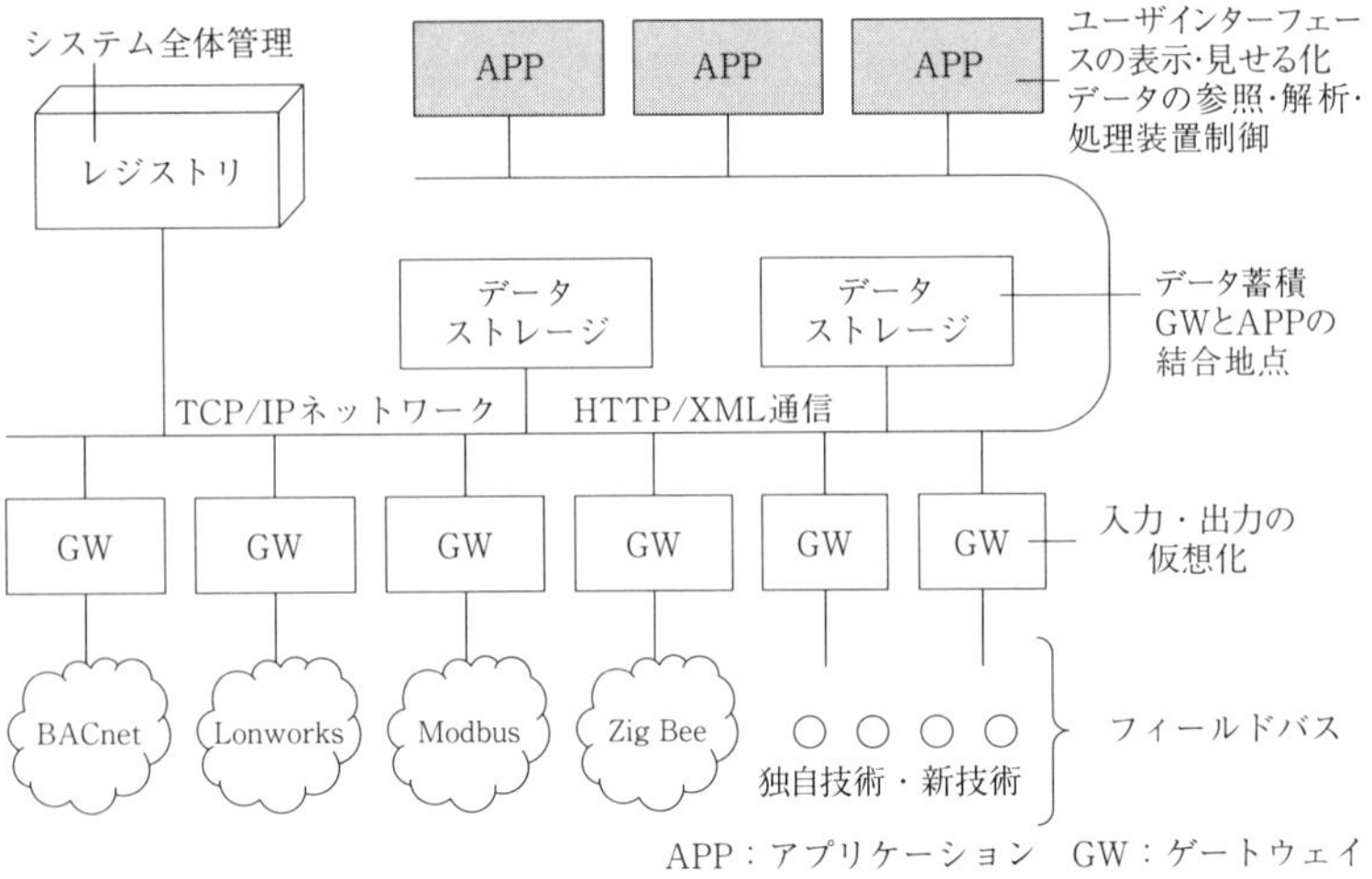

図 5-2　IEEE1888 のアーキテクチャ概念図

まず数フロアで小規模な実証実験を行い、その結果をもとにアプリケーション、データストレージ、フィールドバスの三層構造を持つシステムアーキテクチャの採用を決定しました。これはLive E!プロジェクト[6]で研究開発された「IEEE1888」[7]と呼ばれるもので、インターネットの広域でセンサーネットワークを展開できるように設計されています（図5-2）。さまざまな種類のフィールドバスが、ゲートウェイ（インターネットのルータにあたる）を介して、インターネットに接続されます。フィールドバスが生成するデータは、すべて共通のデータストレージに格納されます。ビルの管理制御を行うアプリケーションは、共通のデータストレージで統一化され、オープン化されたインターフェースを用いて、データの参照から解析、処理までを行えるようにしました。

このアプリケーション、データストレージ、フィールドバスという三層構造はゲートウェイを挟むことで、インターネットの砂時計モデルと同様になっ

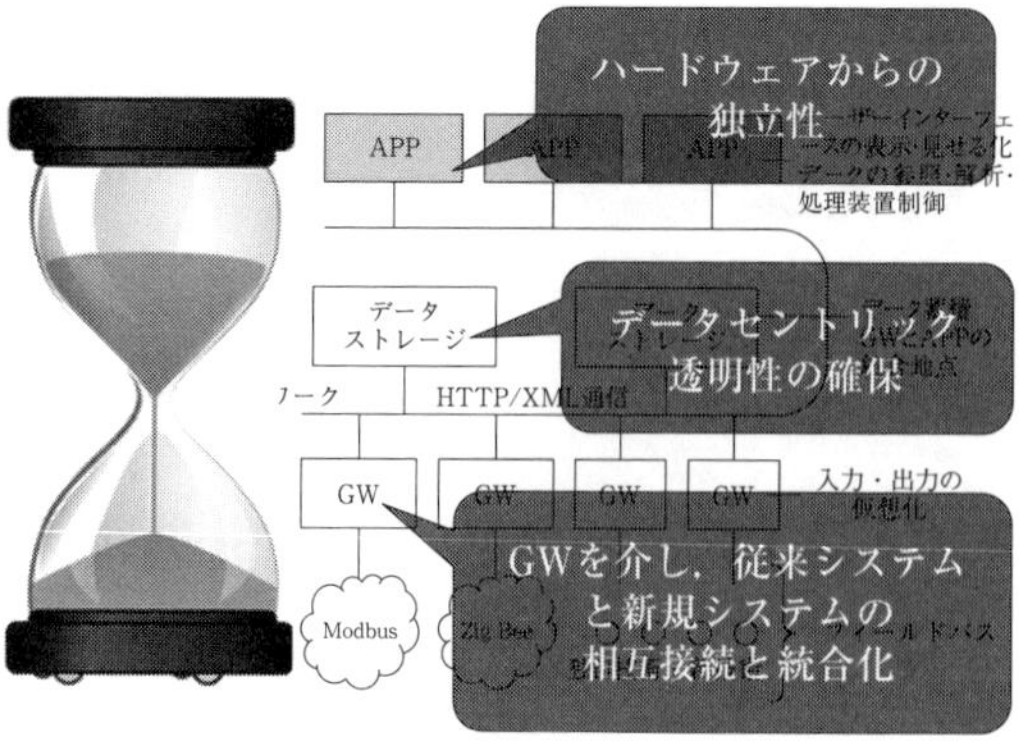

図 5-3　IEEE1888 の砂時計モデル

ており、それがビルの管理制御システムに具現化されたと言えます（図5－3）。つまり、インターネット・アーキテクチャのシステム構造となっています。

ベンダー主導からユーザ主導へ

このプロジェクトでは、多様なアプリケーションがデータストレージに集積されるデータを共有できることが前提条件となっています。こうして、すべてのデータに関して利用者と利用方法の制限がなくなって、そこに透明性が成り立つことで、システムはコモンズの性質を持つようになります。「個の全体に対する貢献が、全体の個に対する貢献となる」というインターネットの考え方が、建築設備の領域に持ち込まれるわけです。結果として、これまで系統ごとに構成されてきた垂直統合モデルが、系統間での水平統合モデルに移行できます（図5－4）。

6　Live E! プロジェクト…本章4節の「Live E! プロジェクト」の項を参照。
7　IEEE1888…次世代のビルエネルギー管理制御を実現するために開発されたオープンなシステム構造と通信規格を定義した国際標準規格。二〇一一年三月に IEEE から承認された。正式名は、UGCCNet（Ubiquitous Green Community Control Network）。

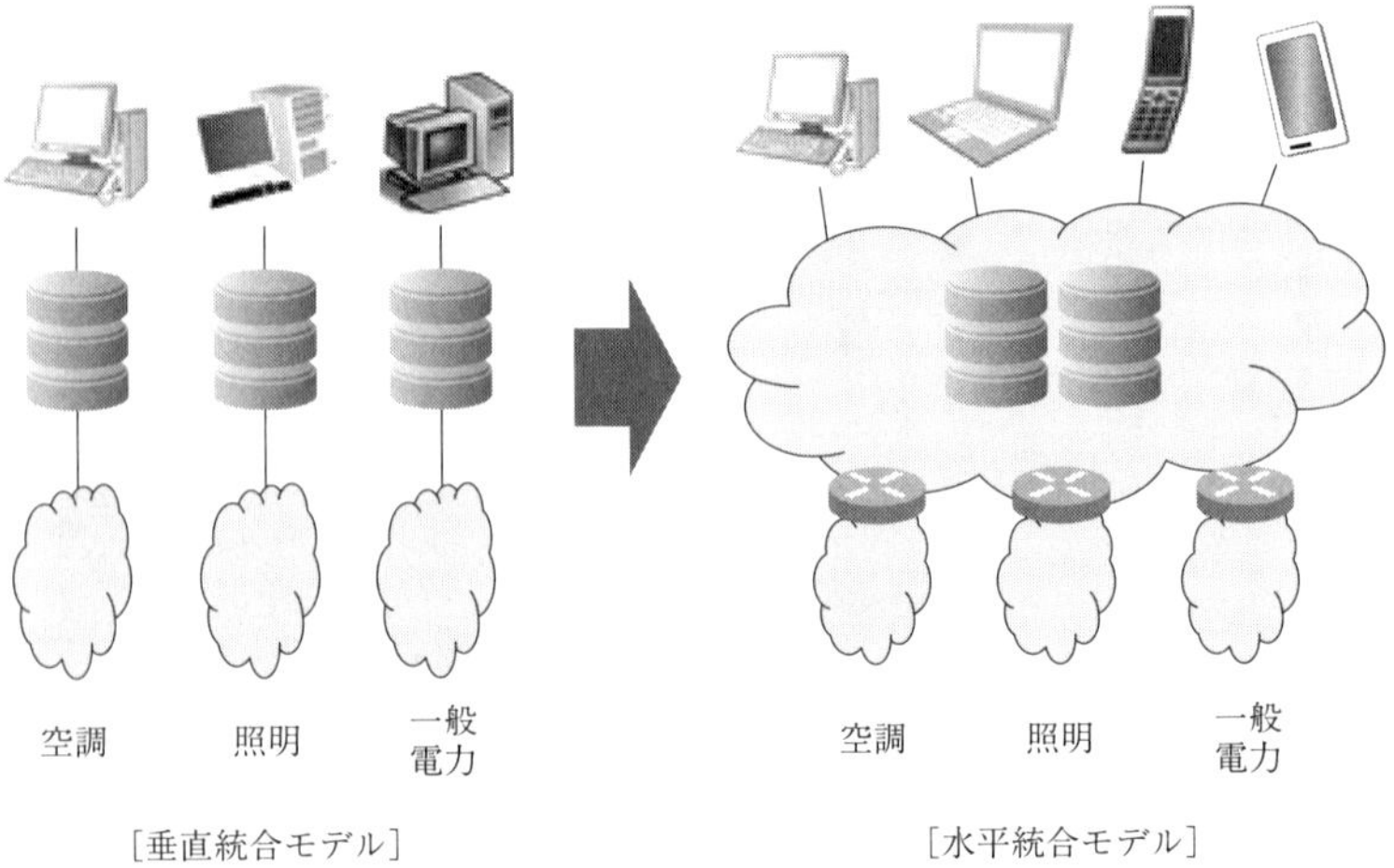

図 5-4　垂直統合モデルから水平統合モデルへ

これは機器の提供者がシステムに関する技術仕様を決めてしまう従来のベンダー主導から、システムの発注者が技術仕様を決定するユーザ主導へと変革することを意味しています。

また、ゲートウェイを用いた相互接続モデルは、インターフェースの共通化によって「選択肢の提供」が実現しました。それによって、「既存システムの継続的な改修」とともに、「既存システムから新しい技術フィールドのシステムへの変更」も可能にしました。このようなファシリティーシステムでは、構成する部分を改修する周期が長いとはいえ、いつでも「選択肢の提供」によって対応できることは大きな利点です。そして、これはインターネットが既存のコンピュータシステムに導入されて普及するときに成功したモデルでもあるのです。なお、ここで用いたアーキテクチャのIEEE1888は、二〇一一年に国際標準として承認され、グローバルに展開する技術仕様となりました。

IEEE1888を用いたシステムへの移行

このIEEE1888に基づいたシステムは、二〇一一年三月に稼働を開始するスケジュールで進められました。他方で、二〇一一年三月一一日に東日本大震災が発生し、電力会社からの電力供給が大幅に落ち込んだことも重なり、東京大学では全学で最大電力消費量三〇％削減、総電力消費量二五％削減の目標値が設定されました。[8] その際、システムの実装を終えた工学部二号館では、最大電力消費量で四四％削減、総電力消費量で三一％削減に成功しました。

図5‐5で示したのは、工学部二号館の省エネ・節電システムの概要です。また、図5‐6ではIEEE1888を用いた各個別システムのスマート化の例を挙げています。この工学部二号館のシステムと同じように、IEEE1888によって設計された大学の建築物として東京工業大学・大岡山キャンパスの環境エネルギーイノベーション棟[9]があります。しかも先端的エネルギー技術を用いたこの棟は、全外部壁面が太陽光パネルとなっており、燃料電池や各種の蓄電池を備え、さらにクリーンルーム（空気清浄度が確保された部屋）のような実験施設を持ち、それらを統合する管理制御が実現されています。

二〇一四年になると、IEEE1888を用いたスマートメータ（電力消費量を測定するための双方向通信の機

8　目標値が設定されました…江崎浩『なぜ東大は30％の節電に成功したのか？』（幻冬舎・経営者新書、二〇一二年）。平井明成・江崎浩「5‐2　大学設備」『電設技術』（特集　電力不足とその対策）、二〇一二年五月号、五七―六〇頁。

9　東京工業大学・大岡山キャンパスの環境エネルギーイノベーション棟…東京工業大学のホームページを参照。http://www.titech.ac.jp/research/stories/eei_building.html

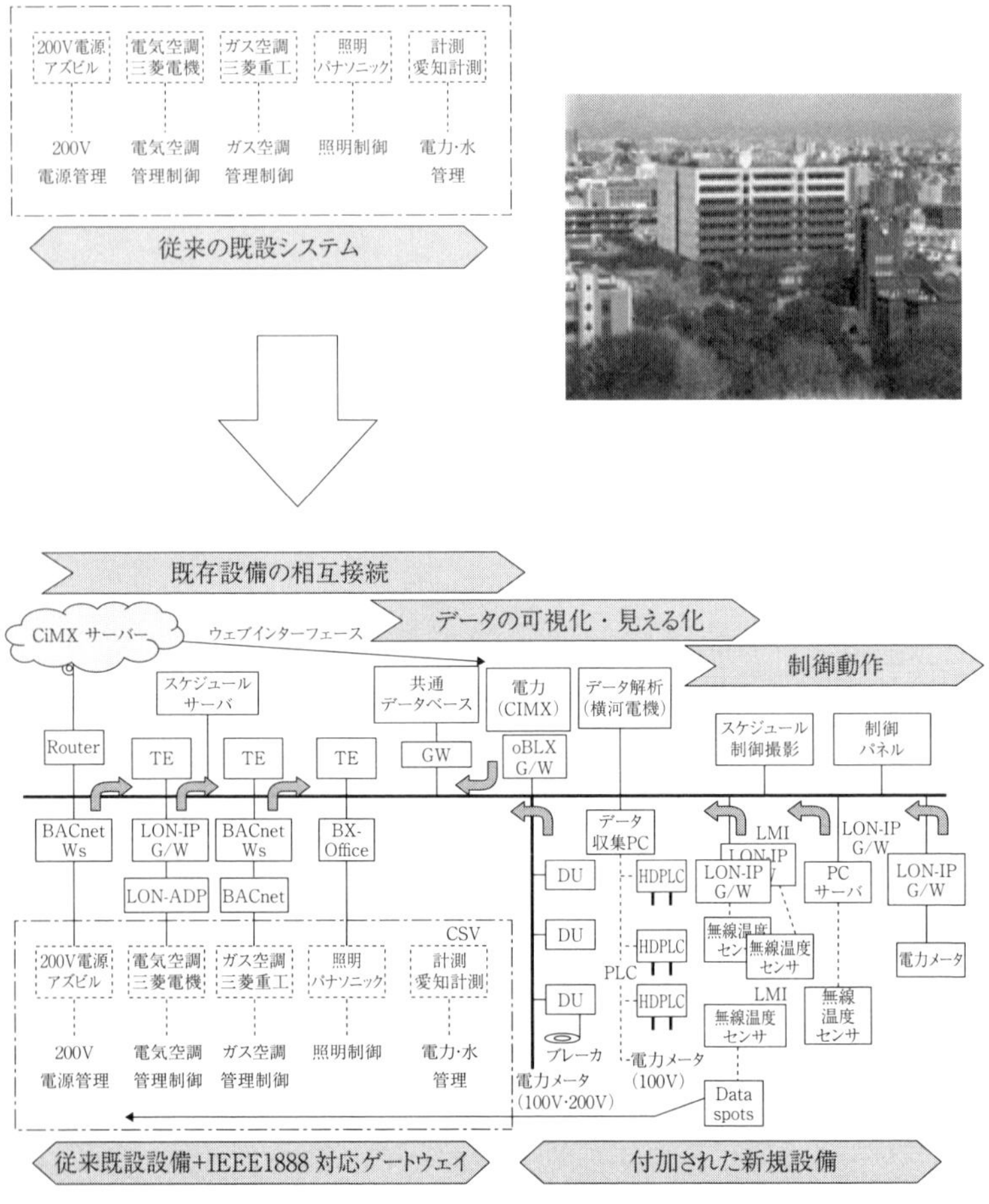

図 5-5　東京大学・工学部二号館における省エネ・節電システムの概要

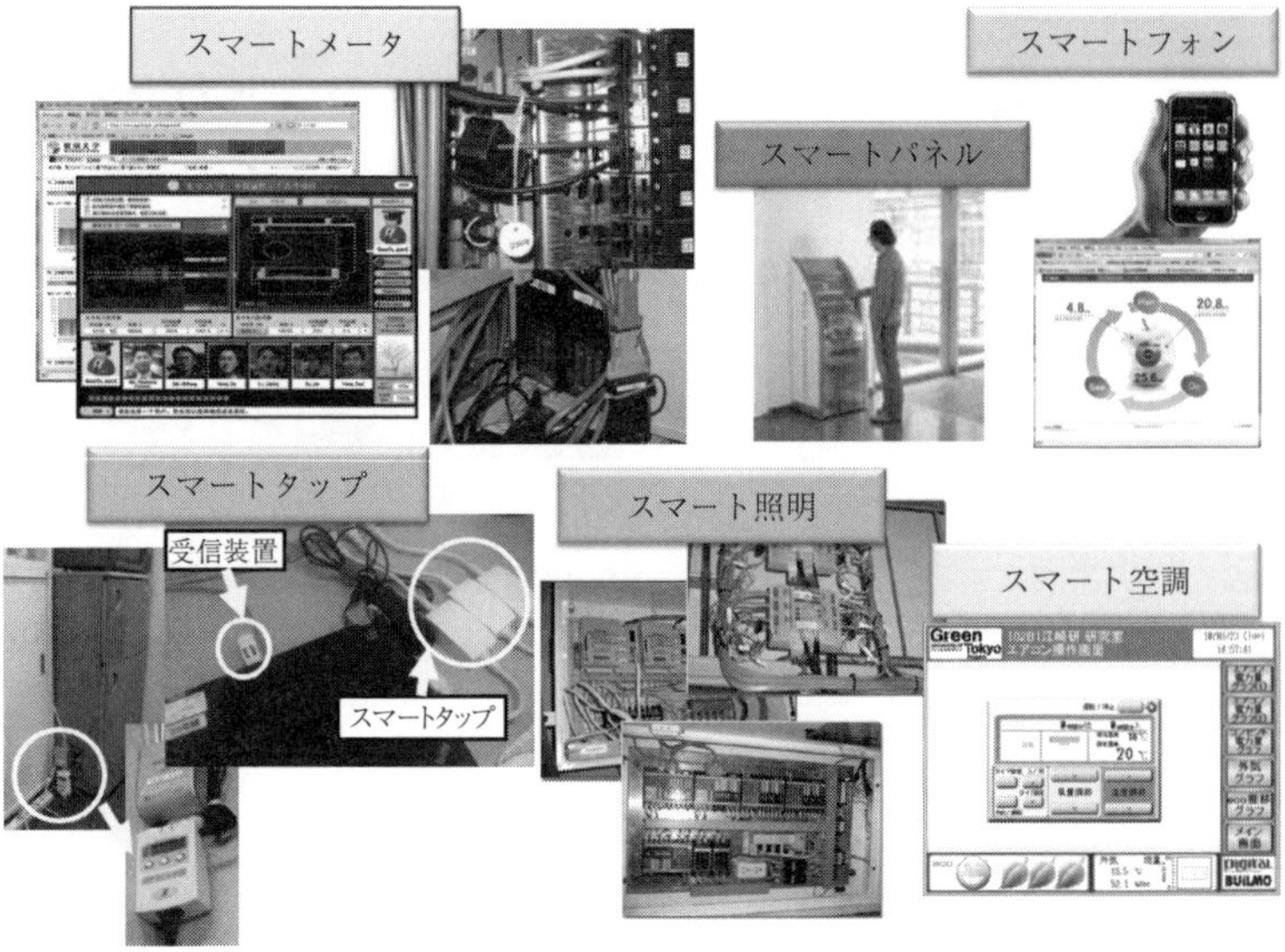

図 5-6　IEEE1888 を用いた各システムのスマート化

器）のシステムが、東京大学の工学部キャンパス全体（一四棟の教育研究棟）に拡大されました（図5－7）。さらに、東京大学全体では首都圏に展開されている五つのキャンパス（本郷、駒場I、駒場II、白金、柏）の特別高圧受電設備にもIEEE1888によるスマートメータが設置されています。そこではインターネットのクラウドコンピューティング環境を用いて、キャンパスごとの電力使用量がリアルタイムで見える化されました（図5－8）。その電力使用状況は、東京大学のホームページ（トップページ左上）に表示画面を公開しているので、教職員や学生だけではなく、学外の人にも節電の状況を伝えることができます（図5－9）。従来のシステムでは、多数のユーザが見える化の画面にアクセスするのは事実上困難でしたが、インターネットのサーバシステムの技術を用いることで、これを可能

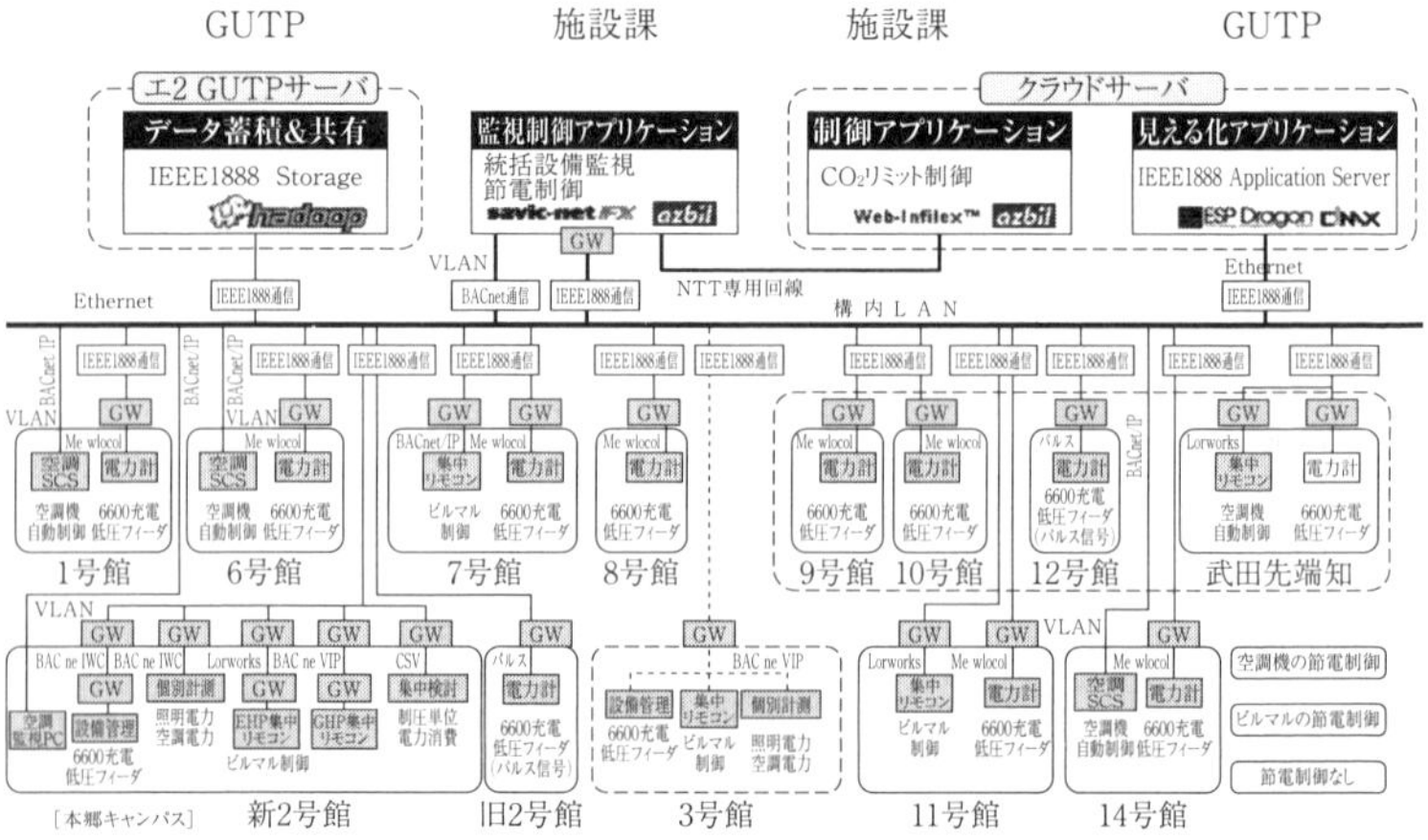

図 5-7　東京大学・工学部キャンパス全体における IEEE1888 を用いたシステムの概要

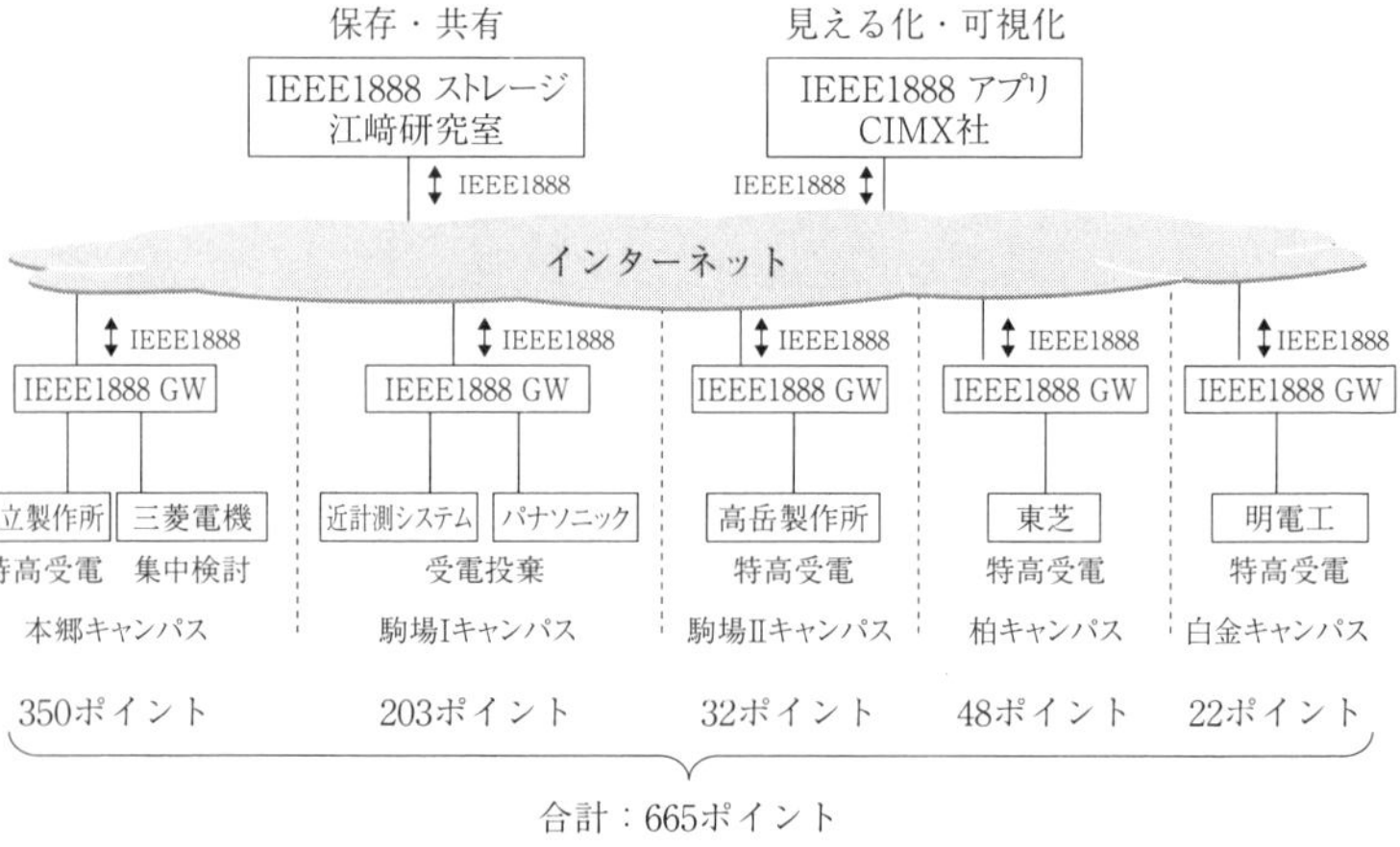

図 5-8　東京大学・五キャンパスにおける電力使用量の見える化の概要

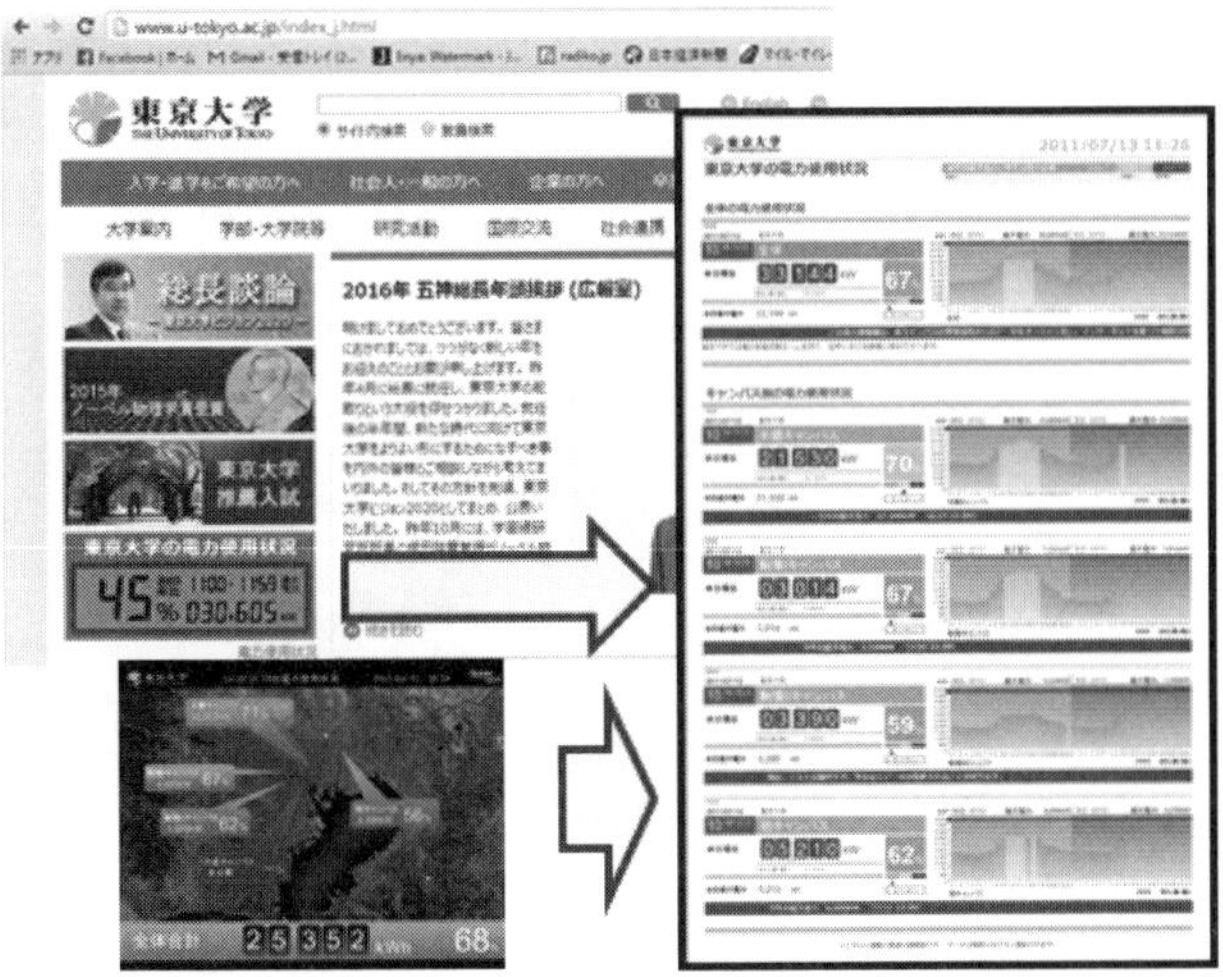

出典：http://www.u-tokyo.ac.jp/

図 5-9　東京大学の電力使用量の表示画面

にしたわけです。

　さらに二〇一五年には、東京大学の空調などの設備調達において、標準データモデル形式[10]の提示を行いました。これによって、IEEE1888で実現したように、オープンな国際標準技術を用いた三層構造のシステムが可能になります。そこでは全学での設備の管理制御を行えるだけでなく、その他にもさまざまな利点が生まれます。たとえば、ベンダーロックイン（他のベンダーの機器への乗り換えが困難になること）の防止、提供業者の選択肢の増加、新システムの導入の容易化などです。さらには設備を用いた実証実験、設備データの参照利用を可能にします。要するに、節電・省エネのためのシステムの運用、およびアップグレードの継続を行いながら、同

10　標準データモデル形式…「東京大学　広域設備ネットワーク　標準データモデル形式」（二〇一四年七月作成）を参照。http://www.tscp.u-tokyo.ac.jp/documents/tokyodaigakukouikisetubinet.pdf

時に研究教育への貢献を果たすことができるのです。

ネットワークの中立性の堅持

このIEEE1888における三層構造（図5-2）のアーキテクチャは、インターネットの重要な原理の一つである「中立性」を実現します。これは米国連邦通信委員会（FCC）が提起した「ネットワークの中立性」（第1章6節）にほぼ対応しています。IEEE1888の場合では、次の三つのことを言えます。

・法律上で問題のないデータに自由にアクセスする権利を持つ
・ネットワークに害を及ぼさないかぎり、センサーやアクチュエータに自由に接続できる
・社会に害を及ぼさないかぎり、サービスの提供を自由に行うことができる

つまり、すべてのユーザ（=アプリケーション）が同じ方法で、データにアクセスし、センサーやアクチュエータに接続し、サービスの提供を行えるわけです。これによって、ユーザ主導でネットワークが運用され、さらに活動が活性化されます。誰もが利用できるシステムでは、とりわけ中立性に基づいたアーキテクチャが欠かせません。

またIEEE1888のシステムでは、インターネットに見られるオープン・透明性・自律分散の特徴を備えた設計になっているので、そこで構築されるスマートビルは、結果として四つのミッションを持ちます（図5-10）。

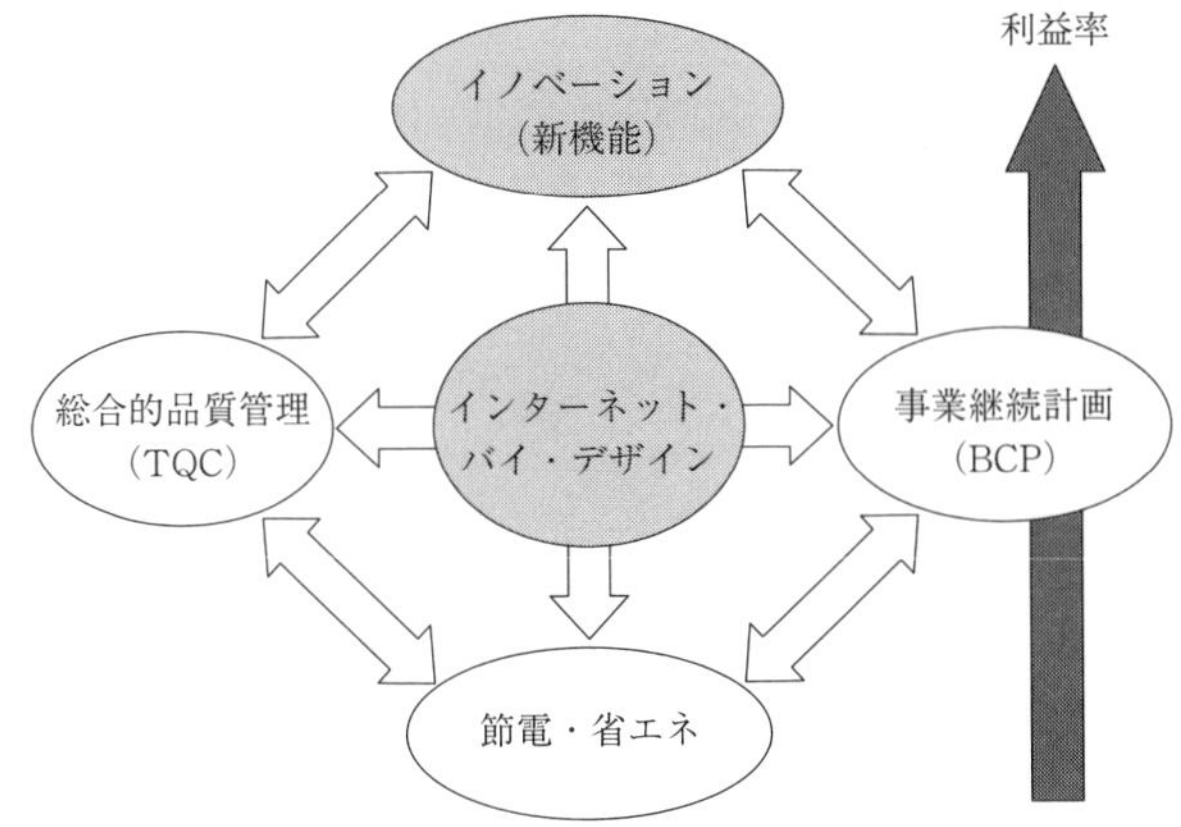

図 5-10　スマートビルの四つのミッション

1　節電・省エネ
2　事業継続計画（BCP: Business Continuation Planning）
3　総合的品質管理（TQC: Total Quality Control）
4　イノベーション（新機能）

具体的に言えば、（1）電力使用量の削減と制御を行い、（2）エネルギーに関するセキュリティ対策を実施し、（3）社会産業活動の生産性を向上させ、さらに（4）新サービスの創造を持続させる、ということです。そして省エネ・節電のためのビルエネルギー管理システム（BEMS: Building Energy Management System）が構築されると、この四つの役割を同時に担うことができるのです。

　工学部二号館の場合、各種センサーから得られるデータは節電・省エネのためのものですが、そのほかにもエネルギーの非効率な部分がどこにあるか、あるいはアップグレードすべき機器はどれかを認識することにも貢献し、また居室の快適さが増して（多くの部分で節電が進んだので、逆に空調の設定温度で無理をする必要がなくなった)、おかげで研究室の活動の向上につながったという例も少なくありません。あるいは、設備の使用状況のデータは、働きすぎの研究者の把握に役立つとともに、個人の健康管理の面で情報を提供することが可能になりました。こうした個人の活動状況の情報に関しては、たとえば生命保険会社も手に入れたがるかもしれません。ある目的を持ったデータが、当初の想定とは異なる価値や利用法を生み出すこともあるのです。

電力会社が進めるスマートメータシステム

ところで、IEEE1888とほぼ同様の構造を用いて、電力会社で導入が進められているのがスマートメータのシステムです。スマートメータとは、電力消費量をデジタルで測定する機器で、双方向通信の機能を備えています。従来のアナログメータとの大きな違いは、測定した電力消費量を送信できることや、電力会社がリモートでサービスの接続・切断などができることです。さらに、家電と通信して供給状況の最適化を図るなど、電力使用の制御も可能になります。図5-11で示すように、このスマートメータシステムは、スマートメータ、共用データストレージ(=MDMS: Meter Data Management System(データ蓄積))、アプリケーション(=サービス事業者)から構成される三層構造になっています。共通のインターフェースを用いることで、多数のサービス事業者が複数のスマートメータシステムのデータを利用できるようになり、競合関係が生まれるように設計されています。

このアプリケーションのビジネスを展開する事業者には、電力会社の関連組織やそうでない組織がさまざまに参入してきており、これらすべての組織に対して、共用データストレージは公正な条件でデー

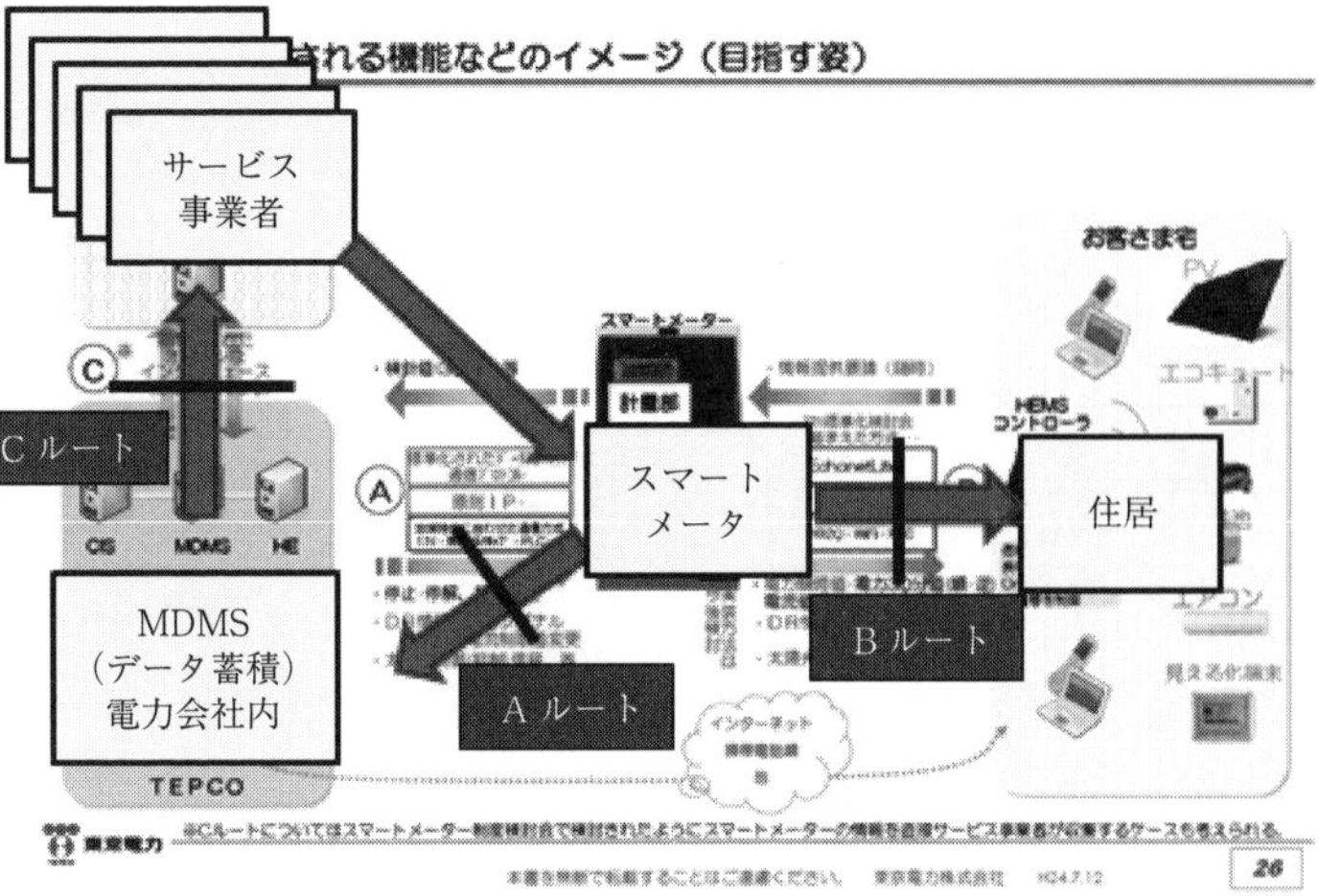

出典：「RFCを踏まえたスマートメータ使用に関する基本的な考え方」2012年7月12日，東京電力株式会社（http://www.tepco.co.jp/corporateinfo/procure/rfc/repl/t_pdf/2_concept-j.pdf の図を改変）

図5-11　電力会社が進めるスマートメータシステム

タ提供を行わなければなりません。すなわち、共用データストレージに対応するMDMSを運営する電力会社は、利益相反がないような条件での事業が要求されます。

さらに、そのアクセス網には、電力会社が設置するスマートメータだけではなく、たとえばガスメータなどの他の装置が接続されることも可能になります。そしてこの場合は、共用データストレージを砂時計モデルの中央部分にあたる構造にすることで、さまざまな装置がアクセス網を介して共用データストレージに接続されて、多様なアプリケーションが展開できるようになります。

また図5-11に示した通り、電力会社のスマートメータシステムでは、スマートメータとアクセス網を用いたデータ収集と管理制御を行うAルート、各戸に設置されたスマートメータの情報を居住者が取得するためのBルート、そして共用データストレージとアプリケーションとの間でのデータのやり取りを行うCルートの三つの情報経路が想定されています。

特にBルートはさまざまな検討を経て、最終的に必須の機能になりました。その理由の一つは、Bルートによって、Aルートで取得されるデータの確認を居住者が行えば、電力会社でのデータ管理の誤りを減少させて精度を高められるという点が挙げられます。しかしそれ以上に、インターネット・アーキテクチャの特徴であるエンド・ツー・エンドを実現するものとしてBルートは重要であり、データを所有・利用する権利の観点からも欠かせない意味を持っています。

スマートメータの設置者かつ所有者は電力会社なので（利用者の電力料金からその費用が捻出されるので微妙ですが）、その機器が生成するデータは、その機器の所有者である電力会社に帰属するのでしょう。しかしBルートでは、居住者に機器の所有権はないとはいえ、機器の利用状況データに関しては、データを活用する彼らにも帰属するという考え方が合意されます。すなわち、電力会社が所有するスマートメータの利用に関するデータが、所有者ではない居住者に帰属することで、居住者は電力会社以外の企業と連携して、より自由なサービスの提供を受けることが可能になります。そして、そのようなサービスが創造される状況を積極的に誘導しようというわけです。言い換えれば、サービスを実現するために必要な資源（ここではスマートメータのデータ）が、一つの企業に独占されないためのインターフェースとなりうるということです。

もっと言えば、電力の自由化が進展した段階では、すべての住居（＝ユーザ）が同じ電力会社から購入するのではなく、住居が所属する地域に供給をしている複数の電力会社のいずれかを通じて、購入が行われることになります。このような環境では、各々の住居においてBルートを用いて収集されるデータは、特定の電力会社に限らず、異なる電力会社からのものが混在します。したがって、事業者が多数の住居からの電力利用データを収集できるようになれば、複数の電力会社にまたがったデータの収集と活用が可能となります。

ちなみにスマートメータの利用者が、その機器の利用状況に関するデータを自身で活用するケースというのは、すでに企業では見られます。たとえば、東大グリーンＩＣＴプロジェクトの参画組織であるシムックス株式会社では、自社の工場の生産設備の電力使用量や稼働状況を把握するためにスマートメータを導入し、その活動を解析すると、ラインの無駄を削減して効率化を図りました。結果として四〇％以上の節電に成功しています。[11]さらに、二〇〇四年に米国ニューヨーク州で行われたプロジェクト[12]では、ハンバーガーチェーンのWendy'sの店舗の電力使用量をスマートメータによってリアルタイムに計測および解析したところ、店舗における各種機器を利用するときの無駄が発見されました。しかも各種機器の稼働パターンが曜日ごとに異なっていたことも判明しました。当時、Wendy'sでは店舗の運用責任者は一人ではなく曜日による交替制だったのですが、データから店舗の運用責任者の同定を厳密に行えるようになったのです。節電を目的にしたデータ収集だったのですが、こうした副産物も生まれ

11　結果として［…］節電に成功しています…シムックス株式会社ウェブページ参照。http://www.cimx.co.jp/01_news/2006_03_01.html
12　米国ニューヨーク州で行われたプロジェクト…NYSERDA（New York State Energy Research and Development Authority）が行ったNEW York Energy Smartプログラム。

たわけです。つまり、「発明は必要の母」の例と捉えられます。

病院のサービスシステムの水平統合モデルへ

このように、エンドのユーザがデータを所有・利用できるというあり方によって、サービスのシステムを変えようとしている領域が他にもあります。たとえば、病院のサービスシステムが挙げられます。これまでの病院のサービスシステムは、その事業者ごとにフラグメント化（断片化）され、独立して運用されていました。しかし現在、それらのシステムの統合化を図ることで、個人（＝エンド）を基点にしたサービスがめざされています。

皆さんが病院にかかったときの診療に関するデータは、病院が基本的に保有していました。おそらく技術的かつ経営的な理由から、データは病院内から出されることなく、せいぜい系列の病院で共有されるだけだったのです。このようなフラグメント化をやめて、オープン化された環境にするために個人の診療データは各々が所有・利用できるというルールの導入が議論されています。病院だけではなく、治療を受けている個人にもそうした権利があるとするわけです。その先の話として、自分の診療データの管理をどの事業者に委ねるかという問題は生まれますが、事業者の選択肢が提供されるので、最終的に個人の判断に任せることになるはずです。これによって、事業者（インターネットで言えば、サービスプロバイダ）志向ではなく、個人（エンドユーザ）志向のシステムが構築されて、フラグメント化されていた垂直統合モデルから、オープン化された水平統合モデルへと誘導することができるでしょう。

このほかにも、じつは多くのビジネス領域で似た事例が見られます。機器によって生成されるデータが製造者に占有されて、そのために所有者であるユーザには提供されないという状況もあります。たとえばテレビ、自動車、農作機械、建設重機などです。例外はむしろインターネットにつながるコンピュータでしょう。ユーザがコンピュータを用いて生成したデータは、ユーザ自身がアクセスできるという形態となっているのです。このインターネットでの特性が、他のビジネスの領域に適用されることで、エンド・ツー・エンドの原理を持った水平統合型モデルが可能となるのです。

プロジェクトの運営方法

最後に、筆者たちがスマートビルそしてスマートキャンパスをめざして設立した東大グリーンＩＣＴプロジェクト（ＧＵＴＰ）の運営方法について触れておきます。

じつは、このプロジェクトの組織自体がインターネット・アーキテクチャを意識して作られました。たとえば契約の結び方では、東京大学とプロジェクトに参加している組織が個別に行うのと違って、東京大学とそこに参加している全組織との間で共通に行うというプラットフォーム型の構造をとっています。つまり、まず基本的に委託・受託といった研究の関係ではなく、対等な立場による共同研究を実施するというスタンスであって、その成果も同じように扱われます。そしてバイラテラル（＝双方の）の契約形態でなく、プロジェクトの参加組織によるマルチラテラル（＝多面的な）の契約形態としているわけです（図５－12）。

したがって、契約内容に関しては透明性と公正性が担保されます。また参加者には、業界（主に建築・建設）で競合するステークホルダーが、川上から川下までさまざまいるとはいえ、たとえば設備システ

	国のプロジェクト	東大グリーン ICT プロジェクト
契約形態	バイラテラル 国による委託	マルチラテラル 産学の参加者による共同研究（対等）
評価基準	目的の厳守 （税金の適切な行使が重要）	成果の価値 （意外な成果が一番の収穫）

図 5-12　東大グリーン ICT プロジェクトと国のプロジェクトの比較

ムの全体構造をめぐって、共通のモジュールで相互接続することを前提にして議論できるのです。

さらに、このプロジェクトは国の競争的資金を用いることなく、産学だけのプラットフォーム型による資金で運営されています。インターネットの基本であるユーザ（＝民間）主導の考え方に立脚して、プロジェクト管理が行われているわけです。

それに対して、政府や官庁がプロジェクトを動かす場合、上手く行きそうになると大きな資金が投入されます。しかし、それではプロジェクト全体の緊張が緩むと同時に、プロジェクトの財務管理を行う人も「どうせ国のお金でしょう」と思ってコスト意識が薄れるかもしれません。これは人間の心理の問題でもあります。

また国の予算に関しては、「目的外使用の禁止」という規定があります。国民の税金なのだから、提案時に伝えた目的の他に用いることは強く制限されているのです。もちろん、その通りに違いないのですが、あまりに税金の適切な行使が最重要となって、事業開始前に認識できなかった新しいアイデアに対しても、その使用が禁止されてしまいます。つまり、プロジェクトや事業の展開のなかで、予想しない発見や方法が出てくることがあっても、それに価値を見いだすというインターネットの考え方を活かすことが非常に難しくなっているのです。

本当に面白いテーマというのは、プロジェクトや事業の発足時にはなかなか予測ができません。突発的なアウトプットが出てきて、それが想定外の大きな価値を持つことが多いのです。それを知っている民間企業は、国からの資金を利用することの限界を肌身で感じているようです。国からの資金を得るならば、こうした状況は悩ましい問題として続くかもしれません。

3――スマートエネルギーシステム

データセンターとクラウドの節電・省エネ

ここでは、エネルギーシステムのスマート化について考えてみます。二一世紀のいま、私たちに欠かせないものの一つにコンピュータが挙げられますが、近年はオフィスで大量の電力を消費する機器として、節電・省エネの観点から目の敵にされることも少なくありません。しかし、コンピュータネットワークという神経系を整備すれば、建物全体の節電・省エネを進めることが可能になります。

それに加えて、オフィスのコンピュータを「データセンター」に移設するという方法も大きな効果を発揮します。データセンターとは、コンピュータを収容するための専門の施設を指します。かりにオフィスのコンピュータをデータセンターに移設するだけでも、一〇~二〇%程度の節電が達成できます。

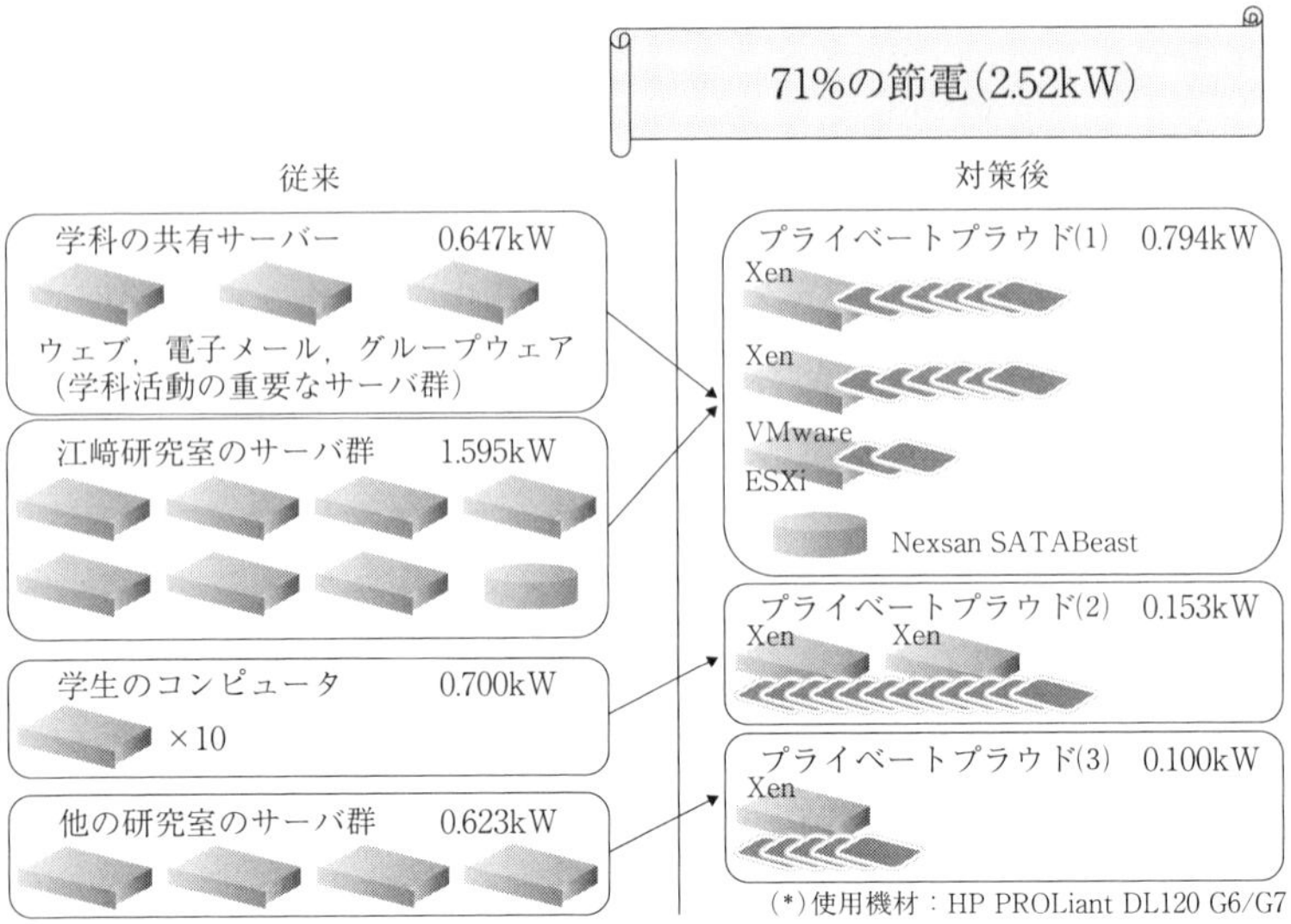

図 5-13　東京大学工学部におけるクラウド化による節電・省エネ

さらにクラウドコンピューティング技術を用いて、サーバやデスクトップコンピュータの移設を行うと六〇～七〇％、場合によっては八〇％以上の節電が実現されます。

実際、東日本大震災を契機にして東京大学工学部の電子情報・電気電子工学科の共用サーバと筆者の研究室のサーバなどをすべてクラウド化したところ、約七一％の節電が実現されました。それにともない、クラウドサーバの購入コストを、電気代の減少分であてると6か月で償却できました（図5-13）。

他方で、データセンターにコンピュータが集約されるならば、そこで大量の電力が消費されることになります。さらに顧客の増加にともなって消費量が上昇するのも確かです。たとえば二〇〇八年、東京都は大規模事業者を対象とした「温室効果ガス排出総量削減義務と排出量取引制度」を盛り込んだ環境確保条例を公布しま

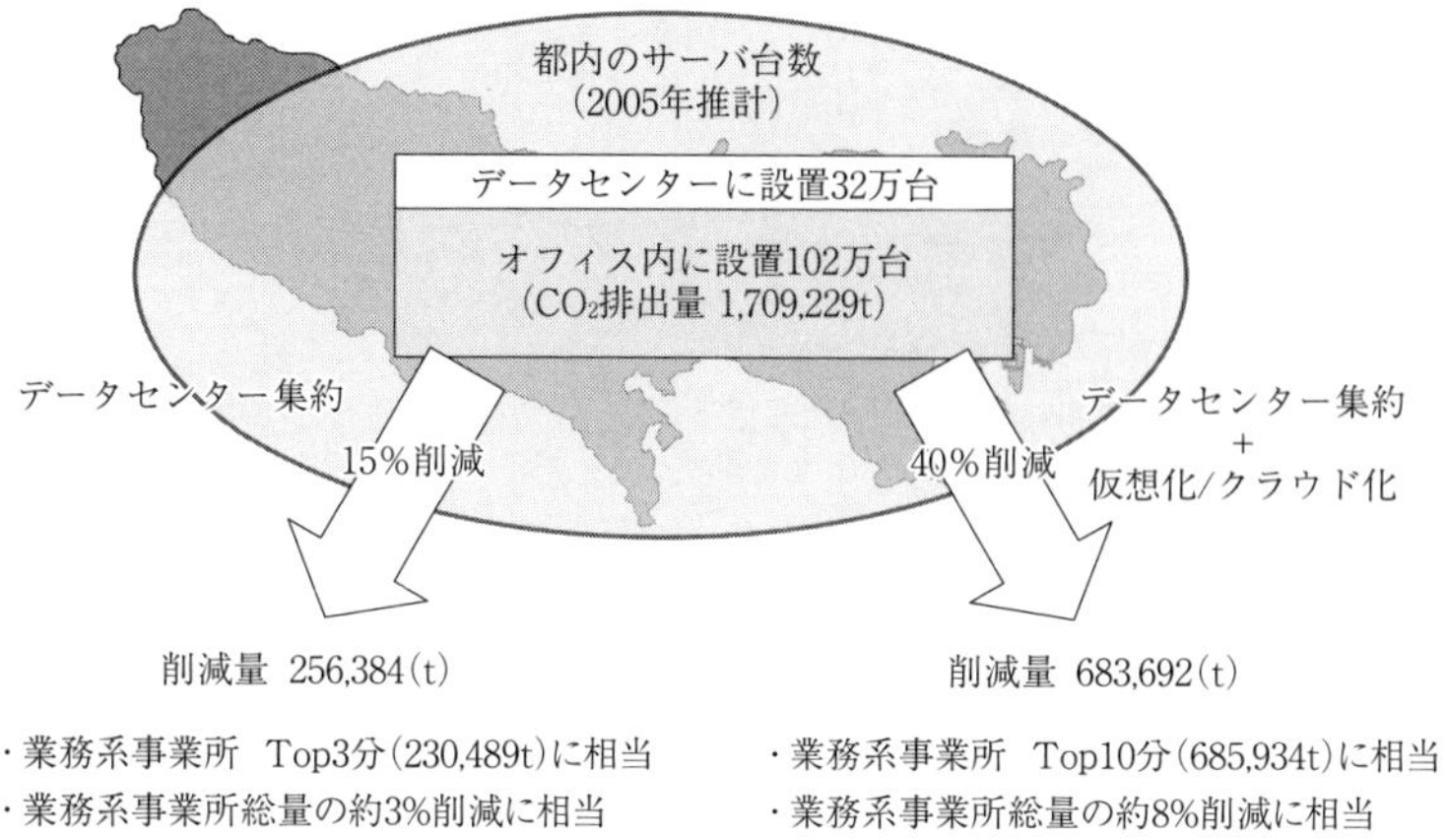

出典：日本データセンター協会

図5-14　データセンターへのコンピュータの移設の効果

したが、その内容からすると、データセンターは温室効果ガスの排出量が非常に多い事業所となり、どうやってもペナルティの対象になってしまいました。

しかし、データセンターだけではなく、データセンターを利用する各々の事業所をあわせて一つの事業所群とみなすと状況は変わってきます。各事業所のコンピュータがデータセンターに移動することで、マクロに見れば電力消費量の合計を大きく削減できることが、筆者の研究室における実データなどによって証明されています。

東京都のオフィス内に設置された一〇二万台のサーバ（二〇〇五年推計）、を「データセンターに集約」すると一五％の節電、「データセンター集約＋クラウド化」すれば四〇％の節電という推計です（図5－14）。これは東京都にも認められることになり、その結果、現在では東京都環境局がデータセンター・クラウド技術の利用を推奨するとともに、環境条例をデータセンターに適用する際に一定の配慮を行っています。

データセンターとクラウドの危機管理・事業の効率化

このデータセンター＋クラウドの利用は、節電・省エネの効果だけではなく、企業システムの危機管理の向上に寄与することも分かっています。データセンターは停電や地震が発生したときの対策をしっかりと行っており、企業のオフィスビルにコンピュータを置いて運用するよりも十分な備えを実現します。

これ以外にも、データセンター＋クラウドの利用によって、社内のサーバコンピュータを統合する機会が提供されます。その結果、オフィスには三つの利点が生まれると言えます。一つ目は、「社内ITシステムの効率化」であり、クラウド化によりコンピュータ資源を効率よく利用できます。二つ目は「業務の効率化」で、ビッグデータの収集・解析・フィードバックが可能になって、それをもとに業務のPDCAサイクルを構築できます。三つ目は、「オフィス面積の有効利用」が挙げられ、フリーアドレス化（社員が個々に机を持たないオフィススタイル）やペーパレスの推進に役立ちます。このようにコンピュータの統合は、社内インフラの利用法をいっそう広げることにつながるのです。

ある事例をご紹介しましょう。二〇一一年に日本マイクロソフト社の本社ビルが品川に移転する際のことです。そこではIEEE1888を用いたオープンな施設の管理制御が導入されたのですが、同時に、オフィス内にサーバコンピュータ室を持たず、データセンターにおけるクラウド技術を用いたIT環境を実現しました。これによって節電・省エネが一気に進み、ITシステムの事業継続計画（BCP）が向上しています。さらに遠隔業務の環境が整ったことで、これまでになかった事業活動が可能になりました。まず①災害時に事業の継続ができます（東日本大震災の際には約八五％の社員が在宅勤務を行った実績を持つ）。また、②在宅勤務環境によって、とくに育児・介護などの必要な社員の活動を支援できます。

データセンター＋クラウドの利用に関して付け加えると、オフィスの移転のときの財務的な負担を軽減できることが知られています。テナントビルを利用する会社にとって、入居時・入居中・移転時という各段階で次のようなメリットがあります。

・入居時：電力工事、床荷重対策、空調工事などを必要とするサーバ室を設置しなくてよい。したがって工事費の負担が小さくなる。
・入居中：大きな熱源であるサーバ室を設置する必要がない。したがって電力負荷および光熱費負担が小さくなる。
・移転時：サーバ室は原状復帰のコストが非常に大きいが、その必要がない。したがって工事費の負担が小さくなる。また、より良い条件のビルに移転するための障壁が低くなる。

これらは移転を検討する会社のシナリオとして大いに参考になるでしょう。

データセンター内における直流・交流の変換

データセンターは大量の電力を消費するために、節電・省エネに関する最先端の技術が求められます。また、運用を継続することが不可欠なので、エネルギー供給を含むセキュリティが十分に適用されなければなりません。それらを含めて、今後のスマートなエネルギーシステムに重要と考えられる技術やアーキテクチャが存在します。

ところで、日本における電力の伝送・配電システムというのは、そのほとんどで交流が用いられています。交流であれば、一対多のマルチドロップ型の伝送・配電に適しているからです。しかし、一対一の場合には、交流よりも直流の方が伝送効率は高く、実際にヨーロッパの国々の間では、多くが直流の伝送が行われています。つまり、条件によっては、直流は交流よりもすぐれた特性を持っているのです。

そこで、データセンター内で直流の伝送を利用する動きが出てきています。そもそもコンピュータの内部はすべて直流で動いています。電力が交流（AC）で入力されると、トランスを用いて直流（DC）に変換されます。みなさんのコンピュータのACアダプター（ACをDCに変換）が、非常に熱を発しているのをご存知だと思いますが、これは交流を直流に変換するときのロスなのです。そこで、データセンター内では電力の伝送・配電を直流にしてしまおうというわけです。これによって、一〇％程度の節電が可能となります。

また、災害で電力会社からの供給が停止したときのために、データセンター内には大量の蓄電池が設置されています。この蓄電池というのは直流の電源です。これがいったん交流に変換されて、供給を受けたコンピュータでまた直流に変換されるのです。この直流・交流の変換の無駄を取り払って単純化すれば、障害の発生率が低いシステムにすることができます。

さらに言えば、もっと積極的に蓄電池を活用しようという声もあります。電力供給の安定性を向上させるために、データセンター内では電力会社だけではなく、太陽光発電、石油やガスによる自家発電などを用いた多数の電源の構成を取っています。そして電力会社からの電力は交流である場合がほとんどでしたが、それも含めた多電源の入力を蓄電池で受け取って、データセンター内のコンピュータに直流で提供する構造が考えられています。

すでにお気づきかもしれませんが、これはインターネットにおけるバッファの利用とほぼ同じ効果をもたらします。すなわち、蓄電池（バッファ）によって多数の電源の間で連携動作（同期）をする必要がなくなります。多電源と伝送配電システムとの間での同期も不要です。消費電力量が少ない場合には、蓄電池に電力エネルギーをいったん蓄積しておく（バッファリング）ことも可能となります。このバッファの導入によって、データセンターの自律分散の運用が実現すると言えるでしょう。同様の構造は、家庭内での電源供給にも適用できます。すでに蓄電池を介して、電力会社に加えて太陽光やガスによる自家発電からの電源の統合運用がなされているところもあります。

実際に、電力会社では系統システム内に大容量の蓄電池を配備することで、同期が必要となる範囲を小さくし、制御の質を高める取り組みが行われています。各部の電力の変動を吸収できるならば、全体の信頼性を高められるのです。

電力と熱のエコシステム

データセンターは電力を消費するとともに、電力と熱が発生する源でもあります。いつも排熱が生じるので、その熱をエネルギーとして利用することも考えられます。さらに蓄電能力や自家発電能力を持っているので、地震などの災害時でもサービスを継続するために十分な対策が取れています。このよう

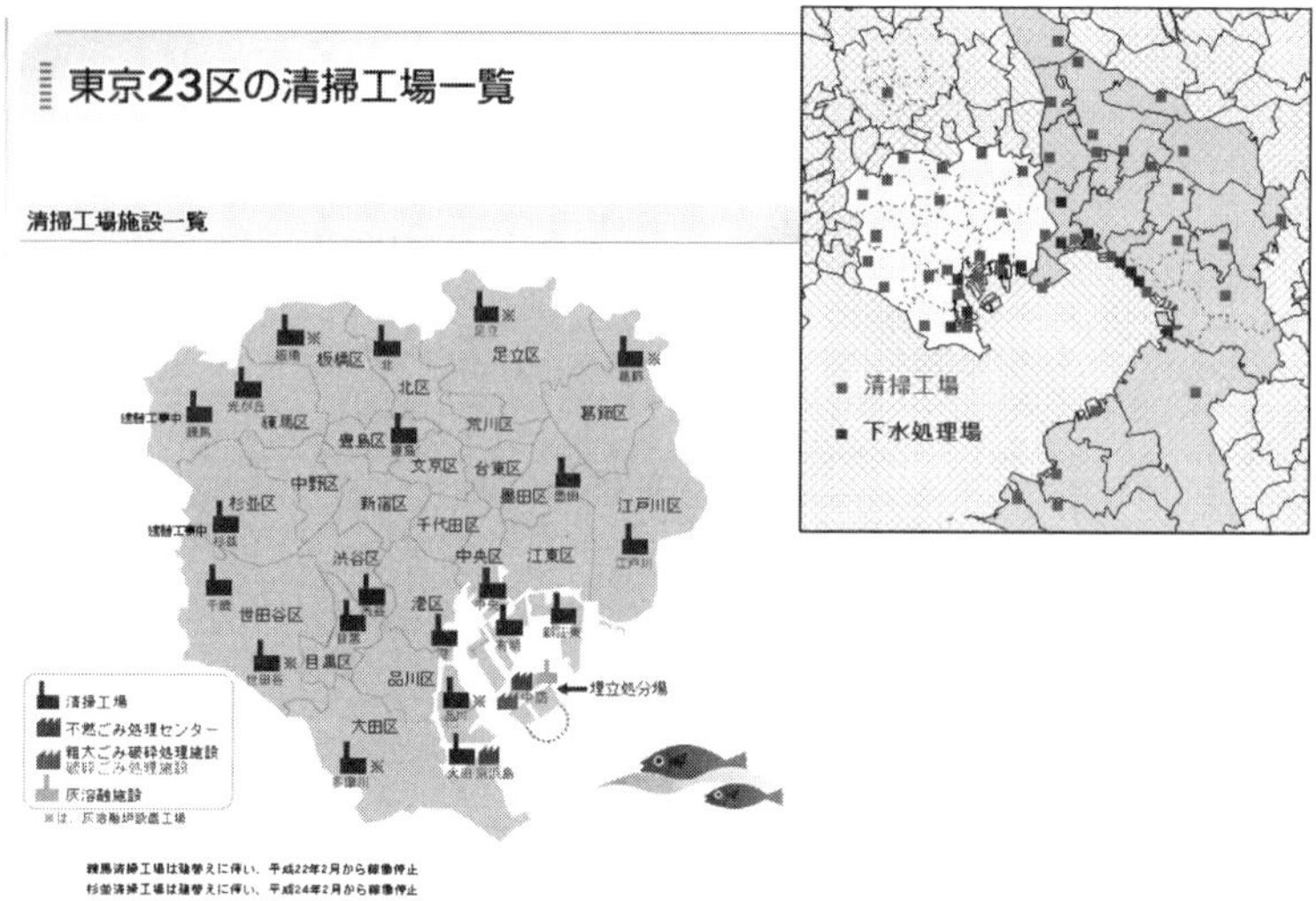

出典：東京二三区清掃一部事務組合（http://www.union.tokyo23-seisou.lg.jp/kojo/）

図 5-15　東京都 23 区の清掃工場一覧

な機能を備えた施設は、いざとなれば避難所としての条件を満たすと言えるでしょう。

データセンターと同じように、電力を消費しながら、電力と熱を生成する設備としては、ゴミ焼却設備が挙げられます。よく見られるように、そこではゴミの焼却に際して電力の発電を行うと同時に、排熱を用いて温水プールなどを運営しています。さらに、ゴミ処理場は住民数に応じて地理的に分散しており、またゴミ収集の効率化の観点から、交通の便がよい場所に設置されています（図5－15）。

電力を消費して、エネルギーを生み出すという点では、上下水道処理設備があります。そこでは大量の電力を消費して水の処理が行われます。ただし、水を処理する過程で大量の水素（あるいはメタン）が発生するので、この次世代エネルギーの有力候補を比較的容易に生成できるのです。

✓データセンター
✓ゴミ焼却設備（発電設備→電気自動車用）
✓上下水道処理設備（水素生成設備→水素自動車用）
✓災害時避難所
✓植物工場
✓病院
✓介護施設

図 5-16　エネルギーエコシステムのコロケーション

ところで、これら施設を上手くつなげて設置（コロケーション：Collocation）できないでしょうか（図5－16）。そうすれば、電力（または水素）と熱のエコシステムを作れるはずです。しかも、これらは適当に分散していて、交通の便のよい場所にあり、災害時にも継続運転できるエネルギーが確保されていることが多いのです。エネルギーの生成の際に発生した電力と熱は、さまざまな用途の施設に供給もできます。たとえば、災害時の避難所であり、その他にも植物工場、病院や介護施設などが挙げられます。

実際、仙台市にある東北福祉大学のキャンパスでは、東日本大震災の際に複数のエネルギー源を統合利用して、電力と熱をキャンパス内の施設に供給するシステムを構築していました（図5－17）。そのおかげで、電力会社からの電力が停止した状態でも、講義室や養護施設などに必要な電力と熱を供給することができました。大学のキャンパスは学生だけでなく、近隣住民にとっても避難所としてきわめて良好に機能したと聞いています。

しかもこのキャンパスには、電力会社からの電源に加えて、中高圧のガスが供給されており、自家発電機能が備わっていました。さらにガスを用いた燃料電池も導入されていたそうです。そうなると、ガスを用い

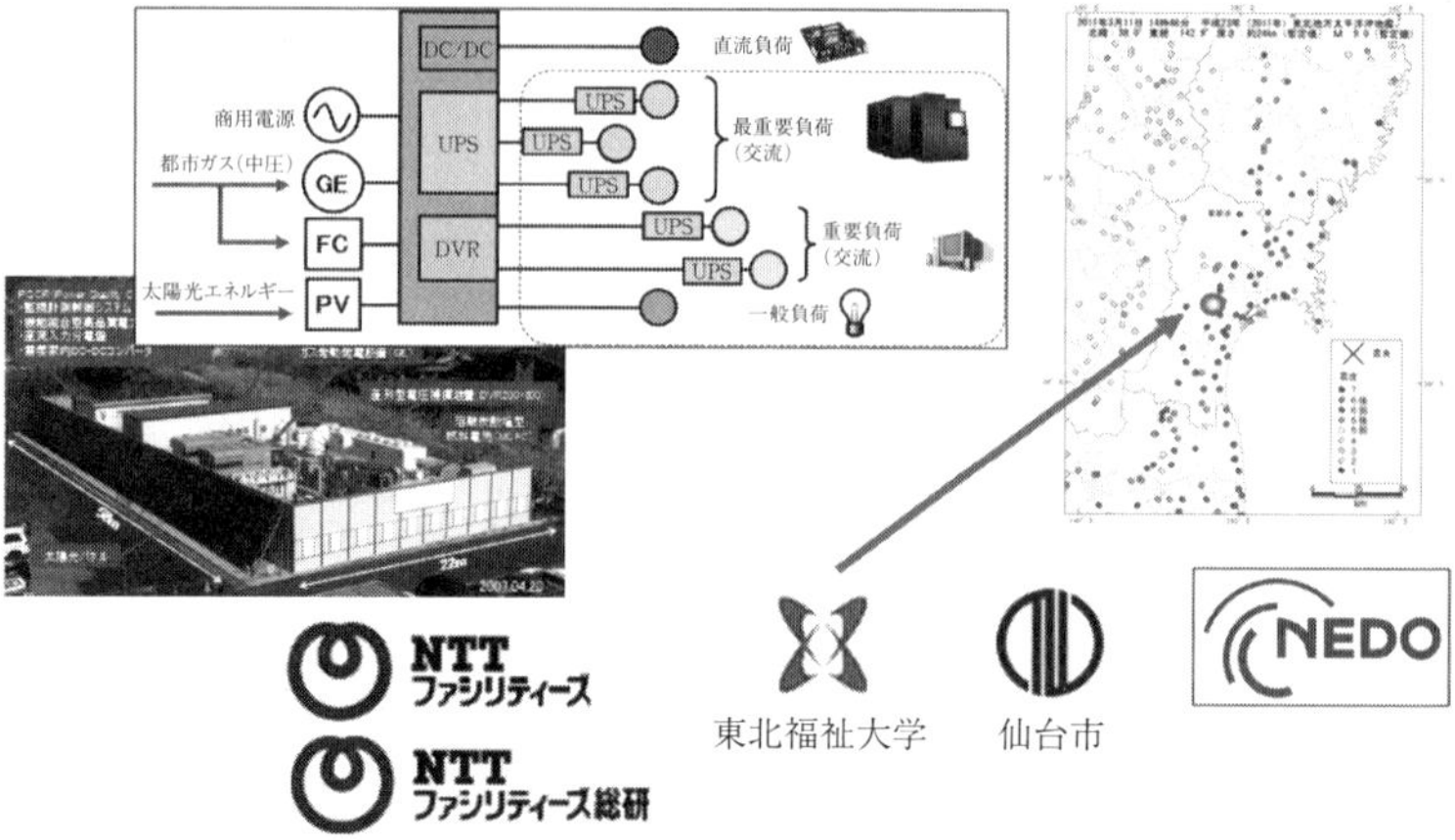

出典：NTT ファシリティーズ

図 5-17　東北福祉大学での事例

て水素を生成する装置もすでに市場にあるので、水素燃料を手にすることも可能になります。したがって、今後、水素をエネルギーとする自動車が普及すれば、その燃料の供給地としても機能して、災害時の人々や荷物の移動を支援することもできるでしょう。

　このようにエネルギーセキュリティ機能を持った施設が、災害に対応する戦略的拠点となれば、地域におけるエコシステムの機能もいっそう高まります。このエコシステムでは、電力、熱、ガス、水素などの異なる形態のエネルギーが存在するので、これらを相互に転換する装置が備われば、非常に柔軟なエネルギー流通を実現できるのです。これはインターネットのＩＰパケットによる流通と等しい。ＩＰパケットは、その中身がどのように利用されるかを限定せず、どのような通信媒体を用いるかも規定せず、とにかくＩＰパケットを転送することができます。

　こうしたエネルギーのエコシステムでは、エネルギーの蓄積機能があって、いざ利用するときに柔軟性が生まれます。すでに述べたように、これはインターネットにおけるバッファ（＝IPパケットの蓄積機能）に相当します。通信媒体の間にバッファが存在すれば、相互接続する機器の間での時計の同期を必要としませんでした。エネルギーのエコシステムにも、それと同等の機能がもたらされるのです。

エネルギーシステムとしての電気自動車

自動車メーカーのフェラーリのデザイナーとして知られる奥山清行氏は、電気自動車が登場したことのインパクトとして二点を指摘[13]しています。

（1）車がオフィスやリビングルームに乗り込んでくる

電気自動車では排気ガスが排出されず、大きなエンジンルームが消える。必ずしも車輪で走行する必要がなくなるので、交通インフラが根本的に変革される。さらに、車は居住空間の外と内をシームレスに移動できるようになる。リビングルームやベッドルームまで車が入ってきて、これまでにない協調動作が起きるであろう。たとえば、車の音響システムや空調システムは、現在の家庭用よりもはるかに高い機能を持っているので、それらがもっと多様に活用されるようになる。

（2）車が移動可能なエネルギーの供給源になる

13　二点を指摘…二〇〇八年、日本ＩＢＭ社が主催した富士会議の基調講演。

電気自動車は自走する目的の他に、電力を提供できるようになる。そして車が電力の供給源となり、エネルギーインフラに革命をもたらす。たとえば、電気自動車は電気で目的地まで移動して、そこでテレビや冷蔵庫のような機器に電気を供給し、稼働させることができる（現在の水素自動車ならば、エネルギーが満タンの状態で数日以上、住居が必要とする電気を供給できる）。つまり、電気自動車は災害時の緊急電源としての機能を持っている。

こうした電気自動車の性質は、インターネット・バイ・デザインの観点から見ると、「利用者と利用法を制限しない」、「必要は発明の母ではなく、発明は必要の母である」に対応します。新しい技術は見込みとは異なって、その本質を活かした利用法があるかもしれず、あらかじめ制限を受けないことが重要なのです。

東北福祉大学のキャンパスの例で見たように、複数のエネルギー源を統合利用したエコシステムには、少なくともエネルギーの相互接続性と蓄積機能（＝バッファ機能）が備わっています。そこに電気自動車のような新しい技術が結びつく。このあり方は、インターネットにおける全体と個の双方向性（One for All, All for One）の構造とよく似ています。エコシステムに新しい技術が継続的に組み込まれる。そして、そのエコシステムの数が増えていって相互接続される。そうなれば、やがてグローバルで唯一の、自律分散的に展開するエネルギーシステムが実現するのも決して夢ではないかもしれません。

4―IoTによるスマート化の展開

インターネットはIoTの時代に突入し、数多くのセンサーやアクチュエータがサイバー空間に接続されようとしています。ここでは、IoTによってさまざまなシステムがスマート化される展開を見ていきます。まず先駆的な例として「小型マルチ気象観測ユニット」を取り上げ、さらに照明としての利用法に制限されない「LED照明」や、製造業のプロセスにイノベーションを起こした「マイクロファブ」や「3Dプリンタ」などについて述べます。

Live E!プロジェクト

二〇〇五年、IPv6普及・高度化推進協議会[14]とWIDEプロジェクト[15]が主体となって、Live E!プロジェクトという組織が発足しました。設立の目的は、個人や組織が設置運営する小型マルチ気象観測ユニット(「デジタル百葉箱」と呼ばれる)(図5-18)を用いて、地球(Earth)の生きた(Live)環境(Envi-

14 IPv6普及・高度化推進協議会…企業と大学を会員として、二〇〇〇年一〇月に設立。IPv6の高度化、IPv6の機能を活かしたアプリケーションの開発・普及の支援など、IPv6対応のインターネット網の構築に向けた政策をとりまとめて提言する。

15 WIDEプロジェクト…本書「はじめに」の注2を参照。

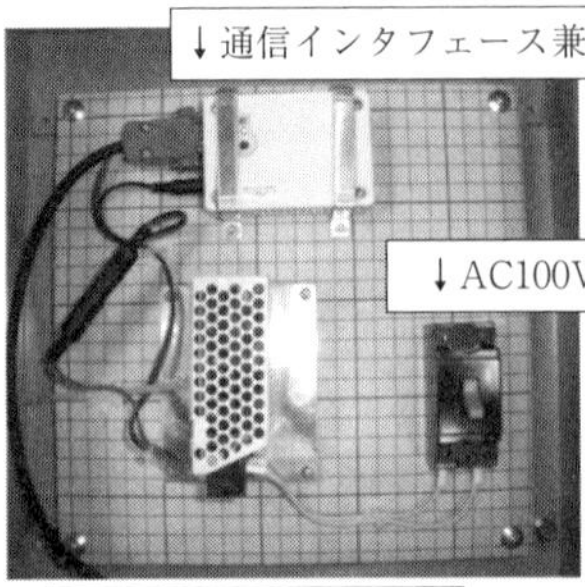

（左）デジタル百葉箱=（小型マルチ気象観測ユニット）
（右）気象観測盤

出典：Live E! プロジェクト（http://www.live-e.org/instrument/）

図 5-18　デジタル百葉箱

ronment）情報を、自由に流通・共有させる電子（Electronics）情報基盤を作る活動というものでした。今日に至るまで教育プログラム・公共サービス・ビジネス展開の三つの分野で、環境に関わる自由で自律的な利用法を推進しています。

（1）教育プログラム

気象データや関連統計データをはじめとする環境情報を教育の材料として利用する。初等教育から高等教育まで多様な利用が期待される。

（2）公共サービス

環境情報の提供は、広域災害の発生時において状況の正確な把握に役立つ。そして対処法を判断するうえで有用となる。先を見据えた防災、事後の対応としての減災の両面において、その有効性が見込まれる。また、詳細で多量の環境情報は、たとえば都市部におけるヒートアイランド現象など環境状態の

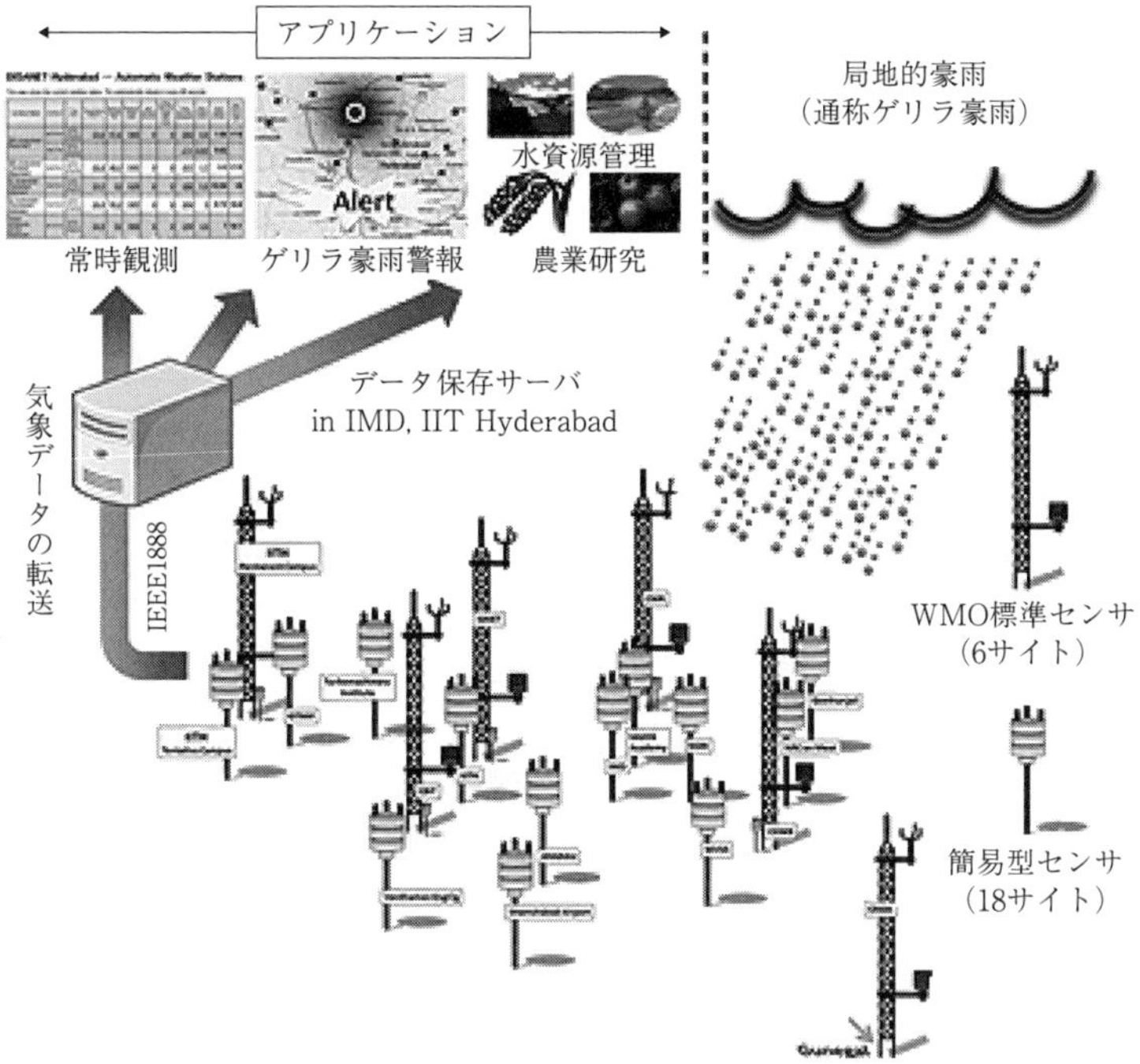

図 5-19　Live E! プロジェクトのシステム概念図

把握や分析および対策を検討する材料として利用できる。

環境情報を公開することによって、人々や企業の日常生活に有用な情報にもなる。東京の高校に設置したデジタル百葉箱は、近年多発しているゲリラ豪雨の検出にすでに成功している（図5-19）。

（3）ビジネス展開

環境情報を加工して、有益な情報を顧客に提供するビジネスを行う。多量のデータを利用した精度の高い情報を提供し、システムの効率化が実現される可能性がある。たとえば、電力会社では気象情報を用いて電力消費量を予測し、電力供給設備の最適化を行うことも考えられる。

このように、エンドユーザが購入したセンサー（＝デジタル百葉箱）を自分の意思でインターネットに接続することで、多数のセンサーによる情報が共有されます。このセンサー情報は、インターネットに接続したすべての人々によって自由に利用されます。そうして新しい利用法が創造されていくわけです。そこにLive E! プロジェクトの特徴があり、インターネット・アーキテクチャに基づいたシステムを運営するプロジェクトとして、きわめて高い先進性があると考えます。

LED照明の画期的な効果

近年、普及が進んでいるLED照明には、発光能力を持った半導体が用いられています。これは従来の照明灯や白熱電灯と比較して、非常に小さいエネルギーで同等の明るさを提供できます。本章2節で紹介した東京大学工学部二号館でも、全館の共用スペースの電灯をLED照明に入れ替えたところ、照明による電力消費量で三〇～四〇％の節電に成功しました。

こうしたスマート化を図れたのは、照明のソケットがあらかじめ標準化されていたので、照明装置の入れ替えが容易だったからです。照明ソケットがベンダー独自の仕様でしたら、残念ながらLED照明化を実行できませんでした。ここでも言えるのは、インターネット・アーキテクチャの特徴である「選択肢の提供」が担保されるか否かで、新しい技術を導入する際の障壁の大きさが変わることです。

このLED照明は、工学部二号館内にあるサンドイッチ店にも導入されました。その結果、店は約一れました。
五％の節電に成功しています。さらに、LED照明の導入によって、次の二つの副次的効果がもたらさ

（1）照明の紫外線量が減少したため、虫が寄りつきにくくなった。
（2）照明の熱温度が低いため、食材が傷みにくくなった。

この二つの効果はともに節電・省エネではなく、商品の衛生面の向上につながるものです。実際、最近の寿司屋では節電・省エネを主な目的にするよりも、むしろ食材の保存のためにLED照明が導入されることも少なくないようです。

以前、工学部二号館の節電に関して何度か取材を受けたのですが、取材班に対して「撮影用の照明をLEDにしてはどうですか」と言ったことがありました。LED照明にすれば、熱量が小さくなるので、被写体（筆者）の発汗が少なくなるというのが理由でした。それに応えて、次回の取材では照明をLEDに変更してきたのですが、取材班は思いがけない効果を説明してくれました。

・取材開始前に、現場で電源プラグを借りる必要がなくなった。じつは電源プラグの使用のお願いは、彼らにとっても抵抗感をともなっていた。
・照明を移動させる自由度が格段に向上した。それまでは電源ケーブルと電源プラグの位置に制約を受けていた。

・今後はレフ板の代替となるようなもの、つまり面で展開されたＬＥＤ照明が出てくる可能性を感じた。その場合、撮影のライティングの作り方が根本的に変革されるだろう。

これらのようにＬＥＤ照明に関しては、当初の目的とは異なる効果が認識されることが多く、しかもいずれも実用化できる段階にあります。そのうえ、ＬＥＤ照明は少なくとも次の三つの新しい機能を提供することが知られています。

（１）可視光を用いた通信機能の提供

ＬＥＤ照明の光を目に見えないほど速く明滅させて無線通信を行う。可視光は壁のような障害物を通過できないので、通信範囲に制限を与える。しかし逆に言えば、セキュリティの面で盗聴などの可能性を低減すると考えられる。しかも電磁波で他の機器に影響を与えることもない。さらに、ＬＥＤ照明の電力供給はＰｏＥ（Power over Ethernet）と呼ばれる通信線なので、電力だけではなく、デジタルデータも同一のケーブルを用いて供給できる。

（２）各種センサー機能のコロケーション

ＰｏＥ技術を用いてＬＥＤ照明にセンサーを同居させれば、センサーデータをネットワークに容易に供給できる。

（3）ユーザ端末の位置の特定

LED照明が設置されている位置さえ分かれば、複数のLED照明からの光をユーザ端末が受信することで、その位置を非常に正確に（数十センチメートルの精度）計算できる。

ここに見られるのは、LED照明はもともと照明の装置だったにもかかわらず、他の機能も果たす可能性を持つことです。しかも、これらの機能は既存の照明装置では実現できない効果があるのです。ここでも、インターネット・バイ・デザインの観点でいう「利用者と利用法を制限しない」と「発明は必要の母である」の利点が発揮されています。そして重要なことは、こうした柔軟な利用を許容するルールが運用されることです。

マイクロファブと3Dプリンタによる製造業のイノベーション

最近、都市部ではコンクリート・ミキサー車を見かける機会が少なくなりました。なぜでしょうか。じつは建設工事現場にコンクリートを生成するマイクロファブという設備が置かれるようになり、材料さえ持って来れば、その場でコンクリートを作ることが可能になったからです。コンクリートの生成を行う工場を持つことなく、現場で必要とするコンクリートがレシピに応じて出来上がるのです。

また、このコンクリート生成用のマイクロファブよりも高い汎用性を持つものとして、3Dプリンタが挙げられます。3Dプリンタはユーザが指定した設計プログラムにしたがって、源材料からオブジェクトを作ります。つまり、同じ3Dプリンタを用いても、設計図が違うと別の物体が出力されます。まさにエンド・ツー・エンドの特徴を持った、物体の生成システムと捉えられます。すでに3Dプリンタのような装置が登場したことで、建築現場にいろいろな物体を作るための源材料（光の三原色にあたるもの）が配送され、設計プログラムがインプットされ、必要な部品がプリントアウトされるという環境が整いつつあります。

コンクリート生成用のマイクロファブや3Dプリンタが登場する以前は、製造を集約する工場があって、そこに設計図を投入して、希望する製造物を生産し、物流システムに乗せていました。印刷の業界でも、同じような状況が進展しています。従来は印刷所に原稿を持ち込んで、それをもとに印刷物を作成し、そこから配送していました。しかし現在では、デジタル情報のデータで原稿を扱い、そしてインターネットによって原稿データをどこにでも瞬時に送れるようになり、さらに印刷場所を選ばなくなりました。

ちなみに、インターネットが普及した後、興味深い印刷ルートが生まれました。まず日本から海外に原稿データが送られて、そこで印刷されると、国際貨物で日本にUターンで運送され、国内で配達されるという方法です。じつは国際間の取り決めで、海外郵便に関しては国内の配達コストが免除されたので、「国内の配達」だけよりも「国際貨物の運送＋国内の配達」がかえってコストは小さかったのです。国際と国内のルールの違いに着目しながら、グローバルに展開するインターネットの強みを利用したビジネスと言えます。また見方を変えると、グローバル性を十分に考えないと、思わぬ事態が生じることの事例とも捉えられます。

3Dプリンタが突きつける社会的課題

今後は3Dプリンタを用いることで、いろいろなものをユーザ側で設計し製造できるようになります。結果として悪用される可能性を持つものまで、ユーザによって作られる状況が実現します。たとえば、3Dプリンタを用いた銃の製造はその分かりやすいケースとして挙げられます。他方で、大型の3Dプリンタを用いれば、住宅の建築だって可能になります。ここに見られるのは、自らで作るという能力が個人の手に渡りつつある、あるいは強烈にパワーアップして取り戻されようとしている、という変化です。

ただ同時に、そこには「誰が製造責任を負うのか」という問題が生まれます。3Dプリンタを用いれば、個人のアイデアに基づいた設計図が他人に共有されて、製造されるという事態も起こり得ます。そもそも「挑戦を推奨する（encourage）」のがインターネットの性質ですが、とはいえ個人が設計ないし製造したものに対して、法的規制はどのように行われるべきでしょうか。一定の品質（安全基準を含む）に達していれば自由に設計・製造してよい、とするならば、事故に備えてどのような仕組みが作られるべきでしょうか。いまだ未解決の問題として残されています。

けれども、それを解く鍵はインターネットのソフトウェアにあるかもしれません。現在は事業者だけではなく、個人が製造物を社会に供給する形態が拡がっています。その先駆けにソフトウェアがあって、すでにインターネット上では活発に展開されています。個人が作ったソフトウェアが有料または無料でユーザに提供されますが、この個人が提供するソフトウェアに関しては、基本的に規制はありません。

もし問題が発生した場合は、個人の責任で、あるいは訴訟などの方法で適宜対応されているわけです。

インターネットが実空間に拡張するとき、その出口の一つに3Dプリンタがあります。その利用が進んでいけば、社会的な問題を提起するかもしれませんが、重要なのは、イノベーションを持続させるためにエンドユーザに自由を担保する、という考え方だと思われます。また、第4章で述べたインターネット・バイ・デザインに基づいたセキュリティを上手に適用することも必要でしょう。つまり、厳しすぎず（緩すぎず）、そしてベストエフォートに沿って進めることです。

デジタルを前提とした投資モデルへ

この先、デジタル技術を前提にしたシステム設計が進めば、ビジネスでも情報伝達の方法が変化するのは間違いありません。たとえば、この章の冒頭でも触れたように、節電・省エネは企業の生産性減少になると思われがちなので、銀行に投資のインセンティブが働きにくいという面がありました。しかし、銀行（融資元）と企業（融資先）の間の情報伝達のあり方が変わるならば、節電・省エネに積極的な投資を行われる可能性もあります。これは銀行と企業の新しい関係の構築です。簡単に示せば、次のような流れが考えられます。

（1）銀行が企業の節電・省エネへの投資を行う。
（2）銀行は企業の事業所から上がってくるデータを見られるという契約を結ぶ。
（3）銀行が事業所のデータを解析して、効率化に必要な情報（事業所の無駄がどこかなど）を得る。

これを企業にフィードバックする。

（4）企業の事業所の効率化が実施される。その活動状況をリアルタイムに、企業のフィルターなしに銀行が知るようになる。

企業の会計システムに関しては、銀行がデジタル化（およびクラウド化）を行い、そのデータにアクセスできるようにするとよいでしょう。実際、このようにして企業と銀行との間でWin-Winの関係が構築されるケースが出てきています。特にベンチャー企業では、融資元の銀行やベンチャーキャピタルに対して、融資先の企業の財務やオフィスの状況などを伝えるために、説明資料を作成する手間がなくなります。そのうえ、銀行やベンチャーキャピタルはリアルタイムに企業活動を把握できるので、適切な経営支援を行えます。

このような銀行・ベンチャーキャピタルと企業の間の新種のシステムは、アナログ技術からデジタル技術にたんに移行するだけではなく、はじめからデジタル技術を前提にした設計があってこそ登場したものです。第2章で述べたように、情報をデジタルのまま（＝デジタルネイティブ）に届けることが、伝達方法に本質的な変革を促し、ビジネスの新しいあり方を生んでいるわけです。

もうすぐ手に入れられる『ドラえもん』の道具

このIoTの時代になって、インターネットでは、あらゆるモノのセンシング（把握）とアクチュエーション（制御）がサイバー空間を通して行われようとしています。たとえばスマートビルでは、コンピュータという「頭脳」があって、インターネットという「神経」を介して、空調や照明やセンサーなどの「感覚器官」と接続されることで、実空間の効率的な管理を可能にしました。この状態は、モノ（コンピュータ）とモノ（センサーなど）のつながりなので、M２M（Machine-to-Machine）の環境とも言われます。

しかしその段階で終わらず、さらにモノとヒトが直接に通信して、相互作用を行う環境が生まれると、実空間では何が起きるでしょうか。そこでは、漫画やＳＦ映画に描かれる世界が別の形で実現するかもしれません。

（1）五感の延長

インターネットにセンサーとアクチュエータが備わって、そこに人間の感覚が直接的に接続されると、人間の感覚というのが身体の境界を越えて、グローバルな実空間に延長されます。すでに視覚と聴覚では実践されていると言ってよく、触覚に関しても「ハプティクス」と呼ばれる技術が存在しています。これは遠隔地のセンサーやアクチュエータから直接に皮膚感覚のフィードバックを得られるもので、医療の世界では遠隔手術に応用することも始まっています。

さらに、嗅覚や味覚を再現するための要素の発見が進められており、人間の五感すべてがグローバルな実空間に拡がることが可能になりつつあります。

極端に言えば、これはロボットの目が自分の目と同じになる『攻殻機動隊』の世界です。本来の人間の感覚と異なるのは、必ずしも一人だけではなく、インターネットに接続されたすべての人が共有できることです。もちろん利用者の認証機能が適用されなければならないでしょうが。

（2）タケコプター

実際に人を飛行させるわけではありませんが、人の感覚を延長するセンサーやアクチュエータを持った物体を飛行させることで、『ドラえもん』の「タケコプター」と同等な体験ができるようになるでしょう。つまり、加速度センサーの小型化と高精度化で得られた情報を用いて、飛行機の訓練用のシミュレータで活用したり、こうした飛行訓練のためのソフトウェアをエミュレーションによって別のハードウェアで実行すれば、飛行したのと同じ体験をすることができるわけです。このシステムを少し変えれば、「透明人間」「どこでもドア」、さらにＳＦ映画の『ミクロの決死隊』のようにミクロ化して人体内部に入る体験も可能になるでしょう。

（3）タイムマシン

私たちは未来に行けないけれども、過去に戻ることができるかもしれない。つまり、現在の実空間を十分なサンプリングの周期と精度でデジタル化しておけば、インターネットでその実空間をいつでも再現できるということです。そのときには第2章で述べたように、現実ではありない自由な視点から再現を行えます。いまの時点では、そこまでの解像度で実空間をデジタル化できていませんが、いずれ技術力が高まれば可能と思われます。

これに近い発想で、データの圧縮やノイズ除去などを一切行わない生のデータを保存している研究機関があります。国立天文台です。米国ハワイのマウナケアや、チリのアンデス山中に巨大な望遠鏡を持っていて、そうした望遠鏡が捉える遠い宇宙の映像を撮り続けています。そして映像には、数多くのノイズが記録されており、そのなかに実空間を再現するために必要な信号が隠されているかもしれないのです。つまり、私たちがよく見る映像はノイズ除去され、さまざまな信号処理が行われた後のものなので、これまでにないアルゴリズムの信号処理が発明されたり、新しい物理法則が発見されたりするならば、いま見ている映像とは異なる情報が提示される可能性があるわけです。

こうした観点から、生のデータをできるかぎり保存して、未来の研究者が新たに解析できる準備をしておけば、宇宙の過去に遡る日がいずれやって来るかもしれません。

5――インターネット・バイ・デザインの四つの視点

「先に武器ありき」で考えない

最後に、インターネットの基本的な設計思想をさまざまな社会・産業インフラに適用していくための心構えを述べたいと思います。インターネット・バイ・デザインを実現するうえで、前提・戦略・戦術・武器という四つの視点が欠かせません。目標を達成するためには、これらをしっかりと見極めることが大切です。

まず前提とは「どういう状況なのか」を認識することです。次に戦略とは「何をするのか」というゴールの設定です。戦術とは「どうやって達成するのか」という道筋です。最後の武器は「何を使って達成するか」というツールのことです。

私たちは「武器ありき」で戦略と戦術を組み立てようとしがちです。しかし、ゴールに到達するためには、少なくとも戦略を変えてはいけません。その代りに、戦術や武器については変化させる場合があります。たとえば、第2章の図2-12で四つのモデル（垂直統合型、規制保護型、コモン・プール型、無秩序型）を示しましたが、これらを必要に応じて遷移させながらインフラの構築を行うという具合です。最終的には、グローバルでオープンな性質を持ち、イノベーションを創出し続けるインフラの実現をめざすことになります。

前提・戦略・戦術・武器

前提・戦略・戦術・武器を区別して考えることの重要性は、二〇〇七年に日本政治の研究家で有名なジェラルド・カーティス氏[16]の講演を聞いて学んだことです。カーティス氏の示唆を得て、インターネット・バイ・デザインの考え方を整理するならば次のようになります。

16 ジェラルド・カーティス…Gerald L. Curtis. 一九四〇年―。アメリカ合衆国の政治学者。コロンビア大学教授などを経て、現在、政策研究大学院大学客員教授。二〇〇七年の「富士会議」（毎年一回、日本ＩＢＭの主催によって産官学で活躍する人材を集めて開催される会議）による講演を参照。

〔前提〕

1　グローバル

2　唯一のネットワーク（連邦型ではない、フラグメントしない）

3　動くものを尊重する（ラフ・アーキテクチャ）

〔戦略〕

1　利用者・利用法を制限しない（「発明は必要の母」）

2　One for All, All for One（双方向性、ソーシャル性）

3　選択肢の提供（オープン性、モジュール性）

〔戦術〕

1　最適化しない（厳格化しない）

2　透明性（エンド・ツー・エンド）

3　公正（公平ではない、適切な競争環境）

〔武器〕

1　抽象化

2　オープン化

3　最大限の努力（ベスト・エフォート）（保証型ではない）
4　相互接続性
5　バッファ

まず前提として、インターネットが「グローバル」で、誰もが共通に利用可能な「唯一のネットワーク」であり、ラフ・アーキテクチャに基づいて実際に「動くものを尊重する」ということが挙げられます。

次に戦略は、「発明は必要の母」を誘導するために「利用者・利用法を制限しない」こと、「One for All, All for One（個人の全体に対する貢献が、全体の個人に対する貢献となる）」ために双方向性とソーシャル性を持ったシステムとすること、そしてオープン性とモジュール性により多様な「選択肢の提供」を行うことです。

この戦略を具体化するための戦術は、意図的にシステムを「最適化しない」または厳格化しないようにして環境の変化への対応能力を持たせること、可能なかぎり単純な機能によって「透明性」を保ってユーザ機器に自律的な工夫や高度化を誘導すること、そして公平ではなく「公正」な環境を提供して適切な競争環境を実現することです。

最後に、この戦略と戦術を実現する武器としては、デジタル技術に代表される「抽象化」、技術の「オープン化」、サービス品質の保証を行うのではない「最大限の努力（ベスト・フォート）」、すべてのデジタル機器をつなげるための「相互接続性」、そしてシステムに要求される同期の条件を緩和することで自律的動作を実現するための「バッファ」が備わっています。

今日のインターネット（The Internet）は、このような要素に基づいて構築されているのであり、今後の方向性もおそらく大きく変化することはないでしょう。これまで述べてきたように、インターネット・バイ・デザインとは、インターネット以外の産業領域にもインターネットの構造を適用していこうという提言です。インターネット・バイ・デザインの考え方を自らの思考に組み入れて発想すれば、グローバルかつオープンで、イノベーションを持続的に創出するインフラを実現できるに違いありません。それは少ないエネルギーで高い機能を発揮するもので、さらには自然環境の保全にもつながります。このインターネット・バイ・デザインはまさに二一世紀の地球への貢献とも言えるのです。

おわりに

現在、筆者が代表をしているＷＩＤＥプロジェクトは、慶應義塾大学の村井純教授をリーダーにして、日本におけるインターネットの研究開発と構築を牽引してきました。この産官学連携プロジェクトでは、「左手に研究、右手に運用」を合言葉にしています。つまり、研究と運用を両立させて、新しい発見や発明にむけて挑戦を続けるというものです。そして研究者が創出する発見や発明については、学会や政府ではなく、社会こそが評価するという信念を持って、つねに社会と対話しながら活動を行っています。また方針として、「動くもの」を最大限に尊重することを掲げており、それによってシステムを意図的に最適化せず、動かしながら修正を加えて、環境の変化に対応させています。本書でも、こうした設計の原理をめぐっての考察を行いました。ＷＩＤＥプロジェクトは、世界中の研究者たちとこの考え方を共有しながら、さらにインターネット環境の高機能化をめざしていくでしょう。まさに、インターネット・バイ・デザインの具現化なのです。

本書では、インターネット・バイ・デザインの要素をいくつか取り上げましたが、じつは私たちの日常生活のなかに共通する事柄があると言えます。たとえば、エンド・ツー・エンドの考え方がありました。ネットワークサービスの品質と機能を達成するには、いわばエンドにいる各ユーザの責任で行われるというものです。他方で、かつて東京大学第二八代総長 小宮山宏先生が、学生に必要な資質として三点を提示されたことがあります。「本質を捉える知」、「他人を感じる力」、「先頭を走る勇気」というもので、おそらく学生一人ひとりに対して、社会に貢献することの自覚や使命感を促す狙いがあったのでしょう。これはまったく異なる話ですが、エンド・ツー・エンドによく馴染むのではないでしょうか。

さらにインターネット・バイ・デザインの要素として、自律・分散・協調も重要でした。すべての参加者が自律性を持っており、分散して接続しながら、しかし相互に影響を与えて協調する。それによって、ネットワーク全体の発展が促がされたわけです。そしてこの見方は、筆者が高校・大学時代に経験した、ラグビーにおける One for All, All for One に非常に近いものです。長年インターネット技術の研究開発に従事してきたなかで、筆者が強い共感を持って取り組んだポイントでもあります。

ところで、今後のインターネット・バイ・デザインにとって課題を一つ挙げておきたいと思います。たとえば、いま述べた自律・分散・協調のネットワークが構築されるならば、そこにはマルチ（多数の）ステークホルダーの関係によるエコシステムが登場します。このうち、国（政府）がプレーヤーの一つとして参加することもあるでしょう。インターネットは「民主導」のシステムとよく言われますが、必ずしも民間の企業や個人がすべてを担えるわけではないからです。しかもサイバー空間が実空間と接続して拡張するにともない、国（政府）の比重が急速に増加すると思われます。

この先、グローバルな規模の社会・経済の活動が形成されるために、国（政府）が重要なプレーヤーとして関与する意思決定のシステムが維持されなければならないのだと考えられます。そのとき、国境に縛られないインターネットが、国（政府）による従来のガバナンスのシステムと安定した関係をいかに結ぶのか、その解決法が私たちに求められることになります。

最後に、本書の執筆のきっかけとなった東大エグゼクティブ・マネジメント・プログラムの取りまとめ役である山田興一先生、横山禎徳先生をはじめとした関係者の皆さま方、そして本書の企画や原稿の修正に多大な支援をいただいた東京大学出版会の小暮明さん、およびライターの田中順子さんに深く感謝いたします。本書は、筆者が株式会社 東芝に入社後、米国ニュージャージ州ベルコア社での客員研究員のときにインターネットに出会って以来、多くの方々からご教授を受けたことや、仕事で学んだことのまとめにもなっており、これまで関係してきたすべての皆さんに御礼を申し上げます。そして、このような活動を続けられるのは、いつも筆者を支えてくれている家族、特に妻（富子）のおかげです。心から感謝しています。

二〇一六年四月一一日

江崎　浩

著者略歴

江崎 浩（えさき ひろし）
東京大学大学院情報理工学系研究科教授．1963年生れ．九州大学工学部修士課程修了．株式会社東芝入社，米国ニュージャージー州ベルコア社，コロンビア大学客員研究員，東京大学大型計算機センター助教授などを経て現職．専門は情報通信工学．工学博士（東京大学）．次世代インターネットの規格策定からネットワークの実践応用まで，研究・活動範囲は多岐にわたる．WIDE プロジェクト代表．東大グリーン ICT プロジェクト代表，Live E! プロジェクト代表，IPv6 普及・高度化推進協議会専務理事などを兼任．2003，2004 年に総務大臣表彰（グループ受賞 グループリーダー），2004 年に IPv6 Forum Internet Pioneer Award，2008 年に船井情報科学振興賞などを受賞．

主要著書

『インターネット総論』（共著，共立出版，2002）
『MPLS 教科書』（共著，IDG ジャパン，2002）
『ネットワーク工学――インターネットとディジタル技術の基礎』（数理工学社，2007）
『IPv6 教科書』（監修，インプレス R&D，2007）
『P2P 教科書』（監修，インプレス R&D，2007）
『なぜ東大は 30％の節電に成功したのか？』（幻冬舎，2012）
『スマートグリッド対応　IEEE1888 プロトコル教科書』（監修，インプレスジャパン，2012）
『東大エグゼクティブ・マネジメント デザインする思考力』（共著，東京大学出版会，2014）など

インターネット・バイ・デザイン
21世紀のスマートな社会・産業インフラの創造へ

2016年6月16日　初　版

［検印廃止］

著　者　江崎《えさき》 浩《ひろし》

発行所　一般財団法人　東京大学出版会

代表者　古田元夫

153-0041 東京都目黒区駒場4-5-29
http://www.utp.or.jp/
電話　03-6407-1069　Fax 03-6407-1991
振替　00160-6-59964

組　版　有限会社プログレス
印刷所　株式会社ヒライ
製本所　誠製本株式会社

ISBN 978-4-13-063456-4　Printed in Japan

著者	書名	判型	価格
東大EMP 横山禎徳 編	東大エグゼクティブ・マネジメント 課題設定の思考力	四六判	一八〇〇円
東大EMP 横山禎徳 編	東大エグゼクティブ・マネジメント デザインする思考力	四六判	二〇〇〇円
坂村 健 編	ユビキタスでつくる情報社会基盤	A5判	二八〇〇円
丹羽 清 著	イノベーション実践論	A5判	二六〇〇円
丹羽 清 編	技術経営の実践的研究 イノベーション実現への突破口	A5判	三八〇〇円
中原 淳 著	経営学習論 人材育成を科学する	A5判	三〇〇〇円

ここに表示された価格は本体価格です．ご購入の
際には消費税が加算されますのでご了承下さい．